Niveau intermédiaire

Civilisation

progressive

du Français

CLE
INTERNATIONAL

Édition : Martine Ollivier
Couverture : Michel Munier
Maquette : Lo Yenne
© CLE International / SEJER, 2004
ISBN : 209 - 033322-7

Chapitre ❶ L'HEXAGONE

— **LE RELIEF** p. 9

1 2 • 4 •1 • 5 • 3 • 6.

2 • **Les montagnes** : 5 – 4 – 1 – 2 – 3 – 6 – 7 • **Les plaines** : 8 – 9.

3 • Les Pyrénées • les Alpes.

4 1. Paris – **2.** Nantes – **3.** Toulouse – **4.** Bordeaux. – **5.** Strasbourg – **6.** Lyon.

5 • La Seine • la Loire • le Rhône • le Rhin • la Garonne.

— **LE CLIMAT** p. 11

1 • **L'été** : chaud, ensoleillé, sec • **L'automne** : pluvieux, froid • **L'hiver** : froid, rude, enneigé • **Le printemps** : pluvieux, doux.

2 • Frais, fraîche • doux, douce • chaud, chaude • pluvieux, pluvieuse • humide • brumeux, brumeuse • ensoleillé, ensoleillée • enneigé, enneigée.

3 • Chaud • humide • rude • violent.

4 • Le mistral • la tramontane.

5 **Nord** : il fait un temps ensoleillé/il fait du soleil. – **Est** : il fait du brouillard. – **Ouest** : il fait un temps nuageux/il y a des nuages. – **Centre** : il y a des éclaircies et il pleut. – **Midi** : il fait un temps orageux/il y a des orages. – **Alpes** : il neige. – **Massif central** : il fait un temps pluvieux/il pleut, et il y a des orages.

6 Beaucoup de tableaux du célèbre peintre impressionniste Claude Monet (1840-1926) représentent les effets de la lumière sur la Seine et sur les paysages entre Paris et la Manche.

— LES PAYSAGES   p. 13

1 • Le Midi (paysage méditerranéen) • le Nord (surtout le Bassin parisien, la Beauce et la Flandre) • la vallée du Rhône • la Champagne, la vallée du Rhône • la Brie, les Alpes.

2 Dans la région méditerranéenne, des champs d'oliviers et des terres cultivées (vigne, légumes) se trouvent entre des collines sèches recouvertes de petits arbres et de buissons touffus (le maquis). Des arbres comme le chêne, le pin et le cèdre, le mimosa (jaune) et le laurier (rose) ainsi que les champs de lavande bleue *(voir photo p. 32)* donnent sa couleur au paysage. Le laurier, le romarin et le thym ont une odeur agréable et sont utilisés en cuisine comme aromates.

3 • Les paysages du Nord sont ouverts, ce sont des paysages de grands espaces. • Les paysages du Centre et de l'Ouest sont fermés, ce sont des paysages de bocages. • Le paysage méditerranéen est un paysage de petits massifs (collines) et de champs d'oliviers.

4 Dans le Nord, les maisons sont regroupées dans le village. Dans le Centre, les maisons se trouvent dans des fermes isolées. Dans le Sud, les villages sont perchés sur des collines.

5 Consulter : www.ville-castelnaudary.fr.

Chapitre ❷ LA POPULATION

— LE PEUPLEMENT   p. 15

1 Les Grecs et les Gaulois (aux VIIIe et VIIe siècles av. J.-C.) – les Romains menés par Jules César (de 58 à 52 av. J.-C.) – les Celtes et les Francs (aux Ve et VIe siècles apr. J.-C.) – les Arabes (au VIIIe siècle) – les Vikings (au IXe siècle).

2 Les deux grandes civilisations occidentales de l'Antiquité sont la civilisation grecque et la civilisation romaine. Les Grecs, venus s'installer sur la côte méditerranéenne, ont fondé Massalia (VIe siècle av. J.-C.). La ville, prospère, s'appelle ensuite Marseille. Après que l'armée romaine de Jules César a envahi la Gaule et a vaincu le chef gaulois Vercingétorix à Alésia (52 av. J.-C.), la civilisation latine fait son entrée en France.

3 Les divers peuples qui ont envahi la France avaient des tempéraments et des comportements différents. Le mélange des envahisseurs successifs avec les gens déjà installés en France a donné sa complexité et ses contradictions au caractère français. On peut donc expliquer les différences régionales du caractère français par les invasions étrangères au cours de l'histoire.

— L'IDENTITÉ   p. 17

1 La nationalité – le nom – le(s) prénom(s) – le sexe (M : masculin, ou F : féminin) – la date de naissance (Né(e) le…) – le lieu de naissance (Marseille ; 13 est le numéro du département où se trouve la ville de Marseille) – la taille (1,60 m : cette femme mesure un mètre et soixante centimètres) – la signature (le titulaire est la personne qui est propriétaire de la carte d'identité).

2 Les trois indications sont : Union européenne, République française, passeport. Ces indications sont traduites dans la langue des autres pays de l'Union européenne.

3 Le « tricolore » est un drapeau composé de trois couleurs : le bleu, le blanc et le rouge.

4 La fête nationale du 14 juillet est une grande fête populaire pour tous les Français. Elle rappelle la prise de la Bastille le 14 juillet 1789, les débuts révolutionnaires de la République française et la devise républicaine : « Liberté, Égalité, Fraternité ». Elle célèbre l'unité de la nation.

5 Ces lieux symboliques représentent la grandeur de la France et de sa langue (le château de Versailles, l'Arc de triomphe, la tour Eiffel, l'Académie française) ; les héros et les héroïnes nationaux (le Panthéon) ; le courage des Français pendant les invasions étrangères (le mur des Fédérés, Verdun, le mont Valérien) ; l'influence des valeurs chrétiennes (la cathédrale Notre-Dame de Paris) ; le sacrifice pour la nation (le tombeau du soldat inconnu sous l'Arc de triomphe).

6 La liberté (y compris la liberté de réunion, d'expression et de culte) et l'égalité devant la loi de tous les citoyens sont les principes fondamentaux de la démocratie. Aujourd'hui, on utiliserait le mot « solidarité » plutôt que « fraternité » pour exprimer le concept d'aide mutuelle que les citoyens se doivent dans une démocratie.

◆ **À SAVOIR**

La France « black, blanc, beur » : le drapeau « bleu, blanc, rouge » a servi de modèle pour l'expression « black, blanc, beur » qui, à l'image des joueurs de l'équipe française de football victorieuse lors de la Coupe du monde de 1998, caractérise la société française multiculturelle d'aujourd'hui. « Black » symbolise les Français venant de l'Afrique noire. On appelle « beurs » les enfants de parents immigrés du Maghreb (le Maroc, l'Algérie, la Tunisie).

— L'ESPRIT FRANÇAIS   p. 19

1 Son organisation logique (par exemple une dissertation est organisée en trois parties : thèse, antithèse, synthèse), sa clarté (les idées claires), sa brièveté (la concision), l'importance accordée à la forme (par rapport au fond), l'amour de la langue et les jeux avec les différents sens d'un mot.

2 L'humour repose sur l'intrigue ou le scénario, le comportement des personnages, le jeu des acteurs dans des scènes amusantes, le dialogue vif et spirituel.

3 Un trait d'esprit est une formule brève et brillante qui met en valeur l'usage des idées et des mots. Les premières citations illustrent l'amour de la langue et l'importance de la parole en France (Claudel, Daninos, Voltaire), ainsi que le caractère unique de la langue (Novarina). Les autres citations illustrent le scepticisme (P. Dac, G. Leroux), le caractère paradoxal (Ionesco) des Français, leur individualisme aussi (A. de Coigny). Victor Hugo souligne la différence entre l'âme française symbolisée par Jeanne d'Arc (héroïne de la France) et l'esprit français illustré par Voltaire (écrivain et philosophe du XVIIIᵉ siècle). L'intelligence, la drôlerie et la vivacité caractérisent ces citations.

◆ **À SAVOIR**

Le jardin « à la française » : conçu par André Le Nôtre (1613-1700) qui a dessiné les jardins du château de Versailles, le jardin « à la française » est caractérisé par ses formes géométriques.

Chapitre ❸ LES RÉGIONS

(Voir aussi la carte des régions en page de couverture, au début du livre.)

— L'ÎLE-DE-FRANCE   p. 21

1 Paris, sa banlieue (les trois départements blancs sur le dessin) et quatre départements (en bleu sur le dessin) forment l'Île-de-France. Cette région n'occupe que 2,2 % de la superficie de la France, mais 18,7 % de la population y habite, et même 21,2 % de la population active. Car l'Île-de-France a une importance économique énorme : l'essentiel des pouvoirs économiques et politiques s'y concentre. L'illustration montrant les huit départements présentés comme les pétales d'une fleur est le logo de l'Île-de-France.

2 Vous prenez le RER B de Roissy-Charles-de-Gaulle à la station Saint-Michel dans Paris. Là, vous prenez la correspondance avec le RER C pour aller à Versailles.

3 Le RER est un moyen de transport public très rapide qui relie les différentes parties de la région parisienne. Les lignes du RER traversent Paris et croisent les correspondances avec le métro parisien. Les Parisiens et les Franciliens (habitants de l'Île-de-France) peuvent donc se déplacer rapidement dans Paris et dans la région parisienne, en évitant les embouteillages sur les routes.

4 Par sa population (21,2 % de la population active) et par son poids économique (29,3 % du PIB de la France), l'Île-de-France domine les autres régions. Le réseau national des transports est concentré sur Paris. L'Île-de-France est le principal centre intellectuel, culturel et scientifique (29,8 % des effectifs universitaires), et Paris est la première destination touristique au monde.

— L'OUEST   p. 23

1 • **Les paysages** : la côte et la lande bretonnes, les pâturages et les champs de culture de la Normandie, les vignobles du Pays de la Loire. – **Les principales villes** : Bretagne : Rennes, Brest ; Normandie : Rouen, Caen, Le Havre ; Pays de la Loire : Nantes, Saint-Nazaire. – **La vie économique** : le tourisme, la balnéothérapie, les télécommunications, les activités tertiaires. – **L'agriculture** : élevage de porcs, lait et fromages, polyculture, vigne (Pays de la Loire), pêche (Bretagne). – **L'industrie** : agroalimentaire, automobile, pétrochimie, construction navale. • **Sites naturels** : ports, plages des villes balnéaires, falaises d'Étretat. – **Sites historiques et culturels** : le Mont-Saint-Michel, la ville de Saint-Malo, les châteaux de la Loire, les plages du Débarquement en Normandie et le Mémorial de la Seconde Guerre mondiale à Caen. • **À manger** : les crêpes, le camembert (fromage), les biscuits de Nantes. – **À boire** : le cidre, les vins du Pays de la Loire.

2 Consulter les sites Internet : • le Mont-Saint-Michel : www.mont-saint-michel.net
• Les châteaux de la Loire : www.lvo.com

— LE NORD   p. 25

1 • **Les paysages** : les plaines basses de la Flandre, les plateaux de Picardie avec d'immenses champs de céréales, des vignobles (en Champagne). – **Les principales villes** : Lille, Amiens, Châlons-en-Champagne, Reims. – **La vie économique** : commerce avec les pays européens voisins, production céréalière, vente par correspondance, champagne. – **L'agriculture** : blé, orge, pommes de terre, betteraves, vin. – **L'industrie** : autrefois le charbon, la sidérurgie, le textile ; aujourd'hui le verre domestique, le tissage de laine, l'agroalimentaire. • **Sites naturels** : la baie de Somme et les dunes des plages de la Manche. – **Sites historiques et culturels** : Verdun (site, en 1916, de la bataille la plus sanglante de la Première Guerre mondiale), les cathédrales gothiques, les beffrois, les châteaux de Chantilly et de Compiègne. • **À manger** : les bêtises de Cambrai (bonbons à la menthe blancs, rayés jaune), les pommes de terres en gratin. • **À boire** : la bière (dans le Nord-Pas-de-Calais), le champagne.

2 • Les cathédrales gothiques : www.amiens.com
• Le beffroi d'Arras : www.ville-arras.fr

— L'EST   p. 27

1 • **Les paysages** : le vaste plateau de Lorraine, la plaine d'Alsace, le massif des Vosges, les montagnes de Franche-Comté, des forêts, des lacs, des vignobles (en Alsace, en Franche-Comté et en Bourgogne). – **Les principales villes** : Metz, Nancy, Strasbourg, Colmar, Mulhouse, Besançon, Dijon, Beaune. – **La vie économique** : le commerce avec l'Allemagne, le vin et la bière, les industries innovantes. – **L'agriculture** : élevage, polyculture, lait, vin. – **L'industrie** : agroalimentaire, automobile, mécanique, industries du verre et du cristal. • **Sites naturels** : les Vosges, le Jura, le Rhin qui sépare la France et l'Allemagne. • **Sites historiques et culturels** : la place Stanislas de Nancy, la cathédrale gothique de Strasbourg, le Parlement européen de Strasbourg, la chapelle de Ronchamp, les Salines royales d'Arc-et-Senans, la cathédrale romane d'Autun, la cathédrale gothique d'Auxerre, les Hospices de Beaune. • **À manger** : la quiche lorraine, la tarte aux prunes, la choucroute alsacienne, le comté (fromage), la moutarde, le pain d'épice. – **À boire** : la bière, les vins blancs d'Alsace, les vins rouges et les vins blancs de Bourgogne.

2 • La place Stanislas de Nancy : www.ot-nancy.fr.
• La cathédrale de Strasbourg : www.strasbourg.com/indexf.html
• La chapelle de Ronchamp : www.ronchamp.com
• Les Hospices de Beaune : www.beaune.com

— LE CENTRE   p. 29

1 • **Les paysages** : la plaine de la Beauce, la vallée de la Loire, la côte atlantique, le plateau de Millevaches dans le Limousin, le Massif central. – **Les principales villes** : Orléans, Tours, Poitiers, La Rochelle, Limoges, Clermont-Ferrand. • **La vie économique** : l'agriculture, le tourisme, le thermalisme, la production de cognac. – **L'agriculture** : les céréales, les cultures spécialisées de la vallée de la Loire, l'élevage, le bois, le vin de la Loire, le cognac de Charente. – **L'industrie** : les industries agroalimentaire et pharmaceutique, les pneus (Michelin), la porcelaine de Limoges, les bateaux de plaisance. • **Sites naturels** : la Loire (le fleuve le plus long de France), les plages en Charente, les puys (montagnes volcaniques) du Massif central. – **Sites historiques et culturels** : les églises romanes, le Futuroscope de Poitiers. • **À manger** : le bœuf du Limousin, le mouton, le fromage bleu d'Auvergne. – **À boire** : les vins de la Loire (le sancerre, le saumur, le bourgueil), le cognac.

2 • Le Futuroscope de Poitiers : www.futuroscope.fr.
• Les églises romanes de Poitiers : www.mairie-poitiers.fr
• Le Puy-de-Dôme près de Clermont-Ferrand : www.puy-de-dome.net

— LE SUD-OUEST   p. 31

1 • **Les paysages** : la forêt de pins des Landes et les plages atlantiques, les montagnes des Pyrénées, les vallées de l'Adour, de la Garonne et de la Dordogne, le plateau du Larzac, le gouffre de Padirac. – **Les principales villes** : Bordeaux, Biarritz, Pau, Lourdes, Toulouse, Albi, Cahors, Périgueux. – **La vie économique** : les vins de Bordeaux, l'aéronautique, le bois, le tourisme. – **L'agriculture** : les vignobles, le maïs, l'élevage (moutons), la polyculture. – **L'industrie** : les industries de haute technologie (aéronautique et aérospatiale), l'électronique, l'agroalimentaire. • **Sites naturels** : le cirque de Gavarnie (Pyrénées), le gouffre de Padirac (près de Rocamadour). – **Sites historiques et culturels** : la grotte préhistorique de Lascaux, les bastides (villes fortifiées du Moyen Âge), Lourdes (sainte Bernadette). • **À manger** : le foie gras, le confit de canard, le cassoulet toulousain, l'omelette aux truffes, les huîtres. – **À boire** : les vins de Bordeaux, de Cahors et du Pays basque.

2 • La grotte de Larzac : www. grotte-de-labeil.com
• La cathédrale d'Albi : www.mairie-albi.fr
• Lourdes : www.lourdes-france.com

— LE GRAND SUD   p. 33

1 • **Les paysages** : la vallée du Rhône, les Alpes, les plages de la Côte d'Azur, du Languedoc-Roussillon et de Corse, les vignobles. – **Les principales villes** : Lyon, Grenoble, Saint-Étienne, Nice, Marseille, Toulon, Montpellier, Narbonne, Perpignan, Ajaccio. – **La vie économique** : le tourisme en hiver et en été, l'agriculture. – **L'agriculture** : les cultures maraîchères et fruitières, les vignobles, l'élevage. – **L'industrie** : industries chimiques, pétrochimiques, métallurgiques, pharmaceutiques, aéronautiques, mécaniques, informatiques. • **Sites naturels** : le mont Blanc, les gorges du Tarn, la côte méditerranéenne, la Camargue. – **Sites historiques et culturels** : le Pont-du-Gard près de Nîmes, l'amphithéâtre romain d'Arles, Carcassonne (forteresse médiévale), Avignon (le palais des Papes). • **À manger** : le saucisson à la lyonnaise, la volaille de Bresse, la fondue savoyarde, la bouillabaisse marseillaise, la ratatouille niçoise, le roquefort (fromage bleu), les confiseries (calissons d'Aix, nougat de Montélimar). – **À boire** : les vins du Beaujolais, des Côtes-du-Rhône et du Languedoc.

2 • La Provence : www.provenceweb.fr
• L'amphithéâtre romain d'Arles : www.ville-arles.fr
• Le palais des Papes d'Avignon : www.palais-despapes.com
• Carcassonne : www.carcassonne.org
• Le Festival du cinema de Cannes : www.festival-cannes.fr

Chapitre ❹ PARIS

— L'HISTOIRE   p. 35

1 Le roi Philippe Auguste a fait entourer Paris d'un mur fortifié. Le roi Charles V a fait bâtir une nouvelle fortification pour protéger Paris. Le roi Henri IV a fait construire le Pont-Neuf (le plus ancien des trente-sept ponts de Paris), la place Dauphine à proximité, ainsi que la place Royale (aujourd'hui appelée place des Vosges). L'empereur Napoléon III et le baron Haussmann ont fait tracer les grands boulevards et dessiner les grands parcs. Le président Pompidou a fait construire le musée Beaubourg. Le président Mitterrand a fait rénover le Louvre. Il a fait construire la pyramide du Louvre *(voir photo p. 36)*, l'Arche de la Défense et l'Opéra-Bastille. Il a aussi fait aménager le parc de la Villette.

2 On trouve la place des Vosges (4ᵉ arrondissement), la place Vendôme (1ᵉʳ), la place des Victoires (2ᵉ), la place de la Concorde avec au milieu l'obélisque de Louqsor (8ᵉ). On peut citer aussi la place Charles-de-Gaulle (8ᵉ), d'où rayonnent onze avenues, la place de la Bastille (12ᵉ) et la place de la République (11ᵉ). *(Pour les arrondissements, voir le plan p. 37.)*

3 On peut suivre le développement historique de Paris sur la rive droite de la Seine à partir de la place des Vosges (XVIIᵉ siècle). Le palais du Louvre était la résidence principale des rois de France jusqu'à la construction du château de Versailles par Louis XIV. À partir des années 1960, le quartier de la Défense avec ses gratte-ciel est devenu un grand centre d'affaires européen. La Défense doit son nom à la résistance française contre l'invasion prussienne qui a mis fin à l'empire de Napoléon III en 1870. L'Arche de la Défense a été inaugurée en 1989 pour commémorer le bicentenaire de la Révolution française. La longue perspective monumentale qui va du Louvre à l'Arche de la Défense, en passant par le jardin des Tuileries, la place de la Concorde, les Champs-Élysées et l'Arc de triomphe, est jugée comme l'une des plus belles du monde.

4 Les Invalides (l'hôtel des Invalides) (7ᵉ arrondissement) : XVIIᵉ siècle. – L'hôtel de Sully (4ᵉ) : XVIIᵉ siècle. – L'hôtel de la Monnaie (6ᵉ) : XVIIIᵉ siècle. – L'École militaire (7ᵉ) : XVIIIᵉ siècle. – La tour Eiffel (7ᵉ) : Exposition universelle de 1889. – Le Petit et le Grand Palais (8ᵉ) : Exposition universelle de 1900. – Le palais de Chaillot, qui contient plusieurs musées (16ᵉ) : 1937 – Le palais de Tokyo, qui abrite le musée d'Art moderne de la Ville de Paris (16ᵉ) : 1937. – Le Centre national d'art et de culture Georges-Pompidou (1ᵉʳ) : 1977 (www.centrepompidou.fr).

— QUARTIERS   p. 37

1 • La Sorbonne (5ᵉ), RG • Saint-Germain-des-Prés (6ᵉ), RG • les Invalides (7ᵉ), RG • Montmartre (18ᵉ), RD • le Marais (4ᵉ), RD • Auteuil-Passy (16ᵉ), RD.

2 Regardez le plan de Paris sur la page de couverture à la fin du livre. La Seine coupe Paris en deux parties. Sur la rive gauche se trouvent principalement les quartiers des intellectuels et des artistes, sur la rive droite les quartiers des grands boulevards, du commerce de luxe et des affaires. Au milieu de la Seine, au cœur de Paris, il y a deux îles : l'Île de la Cité et l'île Saint-Louis.

Monuments d'hier. Notre-Dame : Cité – Invalides : RG – Arc de triomphe : RD – Tour Eiffel : RG – Palais de Chaillot : RD – Hôtel de Sully : RD – École militaire : RG – Opéra de Paris : RD – Grand Palais : RD. • **Monuments d'aujourd'hui.** Centre Georges-Pompidou : RD – La Géode : RD – Arche de la Défense : RD – Musée d'Orsay : RG – Pyramide du Louvre : RD – Bibliothèque nationale de France : RG.

3 L'île de la Cité, au milieu de la Seine, est souvent appelée le « berceau de Paris » parce que les premiers habitants, les Parisii, s'y sont installés trois siècles avant Jésus-Christ. Sur cette île se trouvent la cathédrale gothique Notre-Dame de Paris, la Sainte-Chapelle avec ses vitraux, construite par saint Louis en 1248, le palais de justice avec sa partie médiévale, la Conciergerie (qui a servi de prison), le Mémorial des martyrs et de la déportation (Seconde Guerre mondiale) et le marché aux fleurs et oiseaux. L'ancien Pont-Neuf traverse le bout de l'île de la Cité.

◆ À SAVOIR

L'ouest et l'est : les beaux quartiers de l'ouest comprennent les 7ᵉ, 8ᵉ, 16ᵉ et 17ᵉ arrondissements. Les anciens quartiers populaires de l'est comprennent les 11ᵉ, 12ᵉ, et 20ᵉ arrondissements.

— FONCTIONS   p. 39

1 • **Le palais de l'Élysée**, situé rue du Faubourg-Saint-Honoré (8ᵉ) sur la rive droite, a été construit en 1718. L'Élysée, comme on l'appelle, est la résidence officielle des présidents de la République depuis 1873. Sous la vᵉ République, le Conseil des ministres présidé par le président de la République s'y réunit chaque mercredi matin. • **La Bourse**, située sur la rive droite (11ᵉ) derrière une façade néoclassique qui date de 1826, joue un rôle important dans la vie économique et financière du pays. • **Le Centre Georges-Pompidou** (1ᵉʳ), inauguré en 1977, est célèbre pour son architecture contemporaine. Ce centre d'art et de culture comprend le musée national d'Art moderne, une bibliothèque publique, le Centre de création industrielle, et l'Institut de recherches et de coordination acoustique-musique (IRCAM). • **La Maison de la radio** a été construite en 1963 sur la rive droite (16ᵉ). Elle abrite les radios publiques : les stations de Radio France (France Inter, France Culture, France Info) et RFI (Radio France Internationale). • **L'UNESCO** (Organisation des Nations unies pour l'éducation, la science et la culture) a inauguré en 1958 son siège international sur la rive gauche (7ᵉ). Les architectes étaient l'Américain Breuer, l'Italien Nervé et le Français Zehrfuss.

2 Paris est une grande ville d'art et d'histoire. Elle renferme tellement de musées, de monuments et d'attractions culturelles qu'on pourrait dire que la ville elle-même est un immense musée. En plus des monuments d'hier et d'aujourd'hui, il y a les quartiers touristiques célèbres comme l'île de la Cité, le Quartier latin, Saint-Germain-des-Prés et Montparnasse sur la rive gauche ; les Champs-Élysées, Montmartre, Beaubourg, les Halles, le Marais et la Bastille se trouvent sur la rive droite. Le soir, les touristes aiment admirer les illuminations des monuments et des avenues soit en se promenant à pied dans la Ville lumière, soit à bord d'un bateau touristique sur la Seine.

REPÈRES HISTORIQUES

Chapitre ❺ L'ÉTAT-NATION

— DATES ET FAITS   p. 41

1 **987** : Hugues Capet devient roi de France. 987-1328 : la monarchie se développe pendant la dynastie des Capétiens. – **1610** : le roi Henri IV est assassiné. – **1789** : les révolutionnaires attaquent la prison de la Bastille. La Révolution française commence. – **1870** : la défaite de l'armée française dans la guerre contre la Prusse provoque la fin du Second Empire et la création de la IIIᵉ République. – **1940** : la France est occupée par l'Allemagne : cette occupation allemande durera jusqu'en 1944. – **1958** : le retour au pouvoir du général de Gaulle marque la fin de la IVᵉ République et le commencement de la vᵉ République.

2 On peut toujours voir dans les villes d'Arles et de Nîmes, ainsi qu'en Provence, des amphithéâtres, des arcs de triomphe et un aqueduc construits par les Romains.

3 Charlemagne, roi des Francs couronné empereur d'Occident par le pape en 800, règne sur un territoire comparable à celui de l'Union européenne. L'empire de Charlemagne est caractérisé par une administration éclairée, une renaissance culturelle et le développement du christianisme.

4 Les Francs.

5 Jeanne d'Arc.

6 « L'État, c'est moi ! »

7 *La Marseillaise.*

8 La IIIe République.

9 L'euro.

◆ **À SAVOIR**

Quelques batailles symboliques de la Révolution et de l'Empire :

• Valmy (1792) : victoire symbolique des Français révolutionnaires contre les Prussiens qui ont envahi la France pour venir en aide au roi Louis XVI.

• Austerlitz (1805) : victoire de l'armée de Napoléon contre les armées russe, prussienne et autrichienne.

• Waterloo (1815) : dernière défaite de l'armée napoléonienne.

— PERSONNAGES   p. 43

1 • Charlemagne • Napoléon • Aristide Briand • Charles de Gaulle • Jean Monnet.

2 Vercingétorix : l'armée romaine de Jules César – Jeanne d'Arc : l'armée anglaise.

3 **Les rois** : Hugues Capet, Philippe Auguste, Saint Louis (Louis IX), Louis XI, Henri IV, Louis XIV – **Les révolutionnaires** : Mirabeau, Danton, Robespierre, Marat – **Les présidents** : Adolphe Thiers (1871-1873), Charles de Gaulle (1958-1969).

4 • Jules Ferry • le cardinal Richelieu • Georges Clemenceau • Jacques Necker • Pierre Mendès France.

5 Le roi Louis XIV • le président François Mitterrand • le roi François Ier.

6 L'empereur Napoléon III, aidé par le baron Haussmann.

— DES VALEURS PARTAGÉES   p. 45

1 L'article premier instaure la liberté et l'égalité de tous les citoyens sans distinction de classe sociale. Sous la monarchie absolue, les membres de l'aristocratie possédaient le pouvoir et des privilèges en raison de leur naissance aristocratique. L'article 6 reconnaît l'égalité de tous les citoyens devant la loi, qui exprime la volonté générale du peuple. C'est le principe fondamental de la démocratie : la loi ne dépend plus des décisions arbitraires du roi. L'article 6 déclare aussi l'égalité de tous les citoyens devant le travail. Obtenir un travail dépend maintenant du mérite et non plus de la classe sociale à laquelle on appartient.

2 • Trois révolutions • une monarchie constitutionnelle • deux empires • le régime de Vichy • cinq Républiques.

3 • Les protestants se battaient contre les catholiques. • Les républicains luttaient contre les royalistes. • Les dreyfusards s'opposaient aux antidreyfusards. • Les collaborateurs combattaient les résistants.

4 La liberté (physique, de conscience, de culte, d'expression, d'association et de rassemblement), l'égalité (de tous les citoyens), la fraternité (expression de la solidarité humaine).

Chapitre ❻ UN PAYS EN RÉVOLUTION

— LA RÉVOLUTION FRANÇAISE   p. 47

1 La prise de la Bastille.

2 L'exécution de Louis XVI symbolise la fin de la monarchie.

3 Le coup d'État du 18 brumaire (9 novembre) dirigé par Bonaparte.

4 Le marquis de La Fayette – l'abbé Grégoire – Lazare Nicolas Carnot, Maximilien Robespierre, Louis Antoine Saint-Just – Emmanuel Sieyès.

5 Le drapeau tricolore (bleu, blanc, rouge), l'hymne national *(La Marseillaise)*, la devise de la République (« Liberté, Égalité, Fraternité »).

6 Les provinces sont remplacées par des départements classés par ordre alphabétique, afin d'éliminer les distinctions qui existaient entre les provinces.

7 La devise de la Révolution française (« Liberté, Égalité, Fraternité ») exprime les principes démocratiques et les valeurs républicaines qui ont inspiré les mouvements de libération dans des pays où un roi, un dictateur ou un régime politique répressif exerçait un pouvoir absolu.

— MAI 1968   p. 49

1 La fin de la guerre d'Algérie ; la stabilité politique grâce à de nouvelles institutions (le pouvoir exécutif est plus fort que le pouvoir législatif) ; le développement économique ; le progrès de la Communauté économique européenne ; le nouveau prestige de la France dans le monde.

2 La révolte des étudiants et la grève générale des travailleurs.

3 **Les manifestations des étudiants** : la Sorbonne, le Quartier latin, Daniel Cohn-Bendit, Jean-Paul Sartre. – **La classe ouvrière** : les usines occupées, les grèves, les usines Renault. – **Le pouvoir politique et les forces de l'ordre** : le général de Gaulle, Georges Pompidou, André Malraux, les CRS, les négociations sociales.

4 La fin de la grève générale a rendu possible la vente de l'essence dans les stations-service. Par conséquent, les voitures ont recommencé à rouler.

5 La politique autoritaire et paternaliste du général de Gaulle n'était plus acceptable. Les jeunes générations, qui constituaient un plus grand pourcentage de la population en raison du baby-boom après la Seconde Guerre mondiale, voulaient plus de dialogue et plus de participation dans les décisions concernant leurs études, leur travail et leur place dans la société.

Chapitre ❼ LA FRANCE MODERNE

— D'UNE GUERRE À L'AUTRE   p. 51

1 La III⁰ République.

2 La France veut récupérer l'Alsace et la Lorraine annexées par l'Allemagne. Le désir de revanche inspire la création et le développement du second empire colonial français (Afrique, Indochine, Moyen-Orient).

3 Les découvertes scientifiques faites par ces trois savants ont eu une grande influence à travers le monde. Louis Pasteur (1822-1895) a découvert le vaccin contre la rage. Pierre Curie (1859-1906) et Marie Curie (1867-1934) ont découvert le radium.

4 L'Allemagne.

5 La disparition d'un grand pourcentage de la population masculine et l'arrivée massive des femmes dans la vie professionnelle.

6 Des monuments aux soldats morts pour la France, soldats souvent appelés « enfants de la Patrie », se dressent dans les villes et les villages.

7 Ce sont les premières grandes lois sociales qui ont amélioré la vie des travailleurs. Pour beaucoup d'entre eux, c'était la première fois qu'ils avaient droit à des congés payés.

8 Après la défaite de 1940, le régime de Vichy, dirigé par le maréchal Pétain, a collaboré avec les nazis, qui occupaient la France. Le général de Gaulle, installé à Londres, a encouragé les Français à résister à cette occupation. Peu à peu, une partie des Français a participé à l'organisation de la Résistance.

— L'EMPIRE COLONIAL   p. 53

1 Développer la puissance de la France à travers le monde et limiter ainsi la puissance de l'Allemagne, fournir à la France des matières premières et de nouveaux marchés économiques, installer des bases navales pour protéger le transport des marchandises françaises.

2 En Afrique, au Moyen-Orient, en Extrême-Orient (l'Indochine), dans l'océan Indien (Madagascar, Réunion) et l'océan Pacifique (Nouvelle-Calédonie, Polynésie française).

3 Apporter la langue, les habitudes et la culture françaises, aussi bien que les usages de la République française.

4 L'urbanisme, l'architecture (bâtiments administratifs, églises), la langue française qui continue à y être parlée.

5 Après la Seconde Guerre mondiale, l'empire colonial français est transformé en Union française par la constitution de la IVe République (1946). Deviennent indépendants le Cambodge et le Laos en 1953, puis le Maroc, la Tunisie et le Togo en 1956. À la création de la Ve République (1958), la Guinée devient indépendante. En 1960, la France accorde l'indépendance aux autres États africains (parmi lesquels le Sénégal, la Côte-d'Ivoire, le Gabon, le Cameroun et Madagascar).

6 La guerre d'Indochine (1945-1954) se termine avec la défaite de l'armée française à la bataille de Diên Biên Phû. Le Sud-Vietnam quitte l'Union française en 1956. La guerre d'Algérie (1954-1962) s'achève avec l'indépendance de l'Algérie.

◆ À SAVOIR

Aujourd'hui les terres françaises en dehors de la France métropolitaine (en Europe) sont :
1. Les départements d'outre-mer (DOM) : la Guadeloupe et la Martinique constituent les Antilles françaises ; la Guyane française ; la Réunion.
2. Les territoires d'outre-mer (TOM) : la Nouvelle-Calédonie ; la Polynésie française ; les îles Wallis-et-Futuna ; la terre Adélie dans l'Antarctique.
3. Les collectivités territoriales : Mayotte dans l'océan Indien ; Saint-Pierre-et-Miquelon, près du Canada.

— LA Ve RÉPUBLIQUE   p. 55

1 **1.** • **La République** : une et indivisible, démocratique, elle garantit la protection sociale de tous les citoyens. • **Le principe de l'égalité** : tous les citoyens, quelles que soient leur origine, leur race ou leur religion, sont égaux devant la loi. • **Le principe de la laïcité** : la République respecte toutes les croyances depuis la loi de séparation de l'Église et de l'État en 1905. – **2.** Le drapeau tricolore, la *Marseillaise* et la devise « Liberté, Égalité, Fraternité ». – **3.** Le gouvernement du peuple, par le peuple et pour le peuple. Les Français élisent au suffrage universel le Parlement et le président.

2 En 1973, la crise pétrolière, due à l'augmentation rapide du prix du pétrole par les pays producteurs de pétrole, frappe durement la France, pays importateur. Cela provoque une récession économique et la hausse du chômage. En 1981, l'élection du premier président socialiste François Mitterrand, et de la première majorité de gauche à l'Assemblée nationale, met fin à la domination de la droite qui exerçait le pouvoir depuis la création de la Ve République en 1958.

3 Le général de Gaulle (1958-1969), Georges Pompidou (1969-1974), Valéry Giscard d'Estaing (1974-1981), François Mitterrand (1981-1995), Jacques Chirac (1995-2007).

Chapitre ❽ LA VIE POLITIQUE

— L'ORGANISATION DES POUVOIRS   p. 57

1 Il est élu au suffrage universel. Tous les Français âgés de dix-huit ans et plus ont le droit de vote, mais voter n'est pas obligatoire.

2 Cinq années.

3 Le président choisit et nomme le Premier ministre.

4 Les candidats qui désirent être élus députés à l'Assemblée nationale se présentent aux élections législatives. Elles ont lieu tous les cinq ans, sauf si le président de la République décide de dissoudre l'Assemblée avant la fin de cette période. Les députés sont élus au suffrage universel.

5 L'Assemblée nationale et le Sénat.

6 Le palais de l'Élysée.

7 Au Palais-Bourbon à Paris.

8 Au palais du Luxembourg à Paris.

9 • Le **Conseil constitutionnel** exerce une surveillance sur la conformité des lois à la Constitution, et sur la régularité des élections et référendums. • Le **Conseil économique et social** donne un avis consultatif sur les projets de loi à caractère économique ou social • **Le Conseil d'État** donne un avis préliminaire sur le texte des projets de lois et des décrets du gouvernement. Il constitue également la juridiction suprême en matière administrative, lorsqu'un citoyen dépose une plainte contre l'administration, par exemple.

— LES PARTIS POLITIQUES   p. 59

1 Le parti politique né de la fusion du RPR et de l'UDF s'appelle l'UMP.

2 Le Parti socialiste (PS), le Parti communiste (PC) et les Verts.

3 Réponses diverses selon les pays. Soit les partis politiques se regroupent traditionnellement en deux blocs, soit les partis nationalistes, conservateurs, libéraux, socio-démocrates et contestataires forment des alliances variables.

4 **RPR** : Rassemblement pour la République – **UDF** : Union pour la démocratie française – **UMP** : Union pour la majorité présidentielle – **PS** : Parti socialiste – **PC** : Parti communiste – **FN** : Front national – **Les Verts** : parti écologiste.

5 L'indépendance nationale, c'est-à-dire l'autonomie de la France, surtout dans ses rapports avec les surpuissances américaine et soviétique de l'époque ; l'autorité de l'État, qui résulte de la stabilité des institutions politiques fondée, dans la Constitution de la Vᵉ République, sur le pouvoir du président ; le rassemblement de tous les Français autour de grands projets nationaux ; la coopération entre la France et l'Allemagne afin d'éviter une nouvelle guerre en Europe. Sa conception de la grandeur de la France a inspiré toute la vie du général de Gaulle. Elle se manifeste particulièrement dans son appel du 18 juin 1940 aux Français pour résister à l'occupation nazie et dans son ambition de restaurer le prestige international de la France pendant sa présidence sous la Vᵉ République (1958-1969).

6 Créé en 1984 pour combattre les thèses racistes qui connaissaient une popularité croissante, SOS Racisme a adopté comme devise « Touche pas à mon pote », inscrite sur une main ouverte. Afin de faire baisser le chômage, l'extrême droite proposait de renvoyer les immigrés dans leur pays d'origine et de laisser ainsi « la France aux Français ». Les travailleurs immigrés venus d'Afrique, et leurs enfants qui avaient la nationalité française, étaient les premières victimes de ces discours racistes.

— RITUELS POLITIQUES   p. 61

1 Réponses diverses selon les pays. Il s'agit de comparer l'importance des élections présidentielles et législatives, régionales et municipales, s'il y en a. Bien qu'on observe l'augmentation de l'abstentionnisme lors des élections, la politique reste en France un sujet de discussion fréquent. D'ailleurs, les journaux se distinguent souvent par la tendance politique qu'ils représentent.

2 De 1977 à 2001, les maires de Paris (Jacques Chirac 1977-1995 ; Jean Tibéri 1995-2001) étaient membres du RPR, parti de droite. Bertrand Delanoë est le premier maire socialiste. Sur l'affiche, son slogan est « Changeons d'ère (époque) ». En utilisant les mots « avec » et « changeons », le candidat invite les Parisiens à se joindre à lui pour participer à ce changement ; « ère » fait aussi allusion à « air », c'est-à-dire, ici, « changeons d'atmosphère ».

3 Reportez-vous à la page 56 et observez le schéma page 57 pour comprendre les pouvoirs constitutionnels du président de la République et du Premier ministre. Le président est élu au suffrage universel et nomme le Premier ministre. Celui-ci est le chef du gouvernement soutenu par la majorité parlementaire qui résulte des élections législatives au suffrage universel. Quand le président et le Premier ministre appartiennent au même parti, ils sont d'accord pour mettre en œuvre le même programme politique. En cas de cohabitation, ils n'appartiennent pas au même parti, ils n'ont pas le même programme politique, et le président peut critiquer la politique du gouvernement. Ils sont alors obligés de coopérer en tenant compte de leurs fonctions respectives définies par la Constitution. La cohabitation impose donc un programme politique plus équilibré et, dans un certain sens, plus démocratique car elle évite les excès idéologiques. Mais en même temps, elle est une source de conflits et peut conduire à une certaine paralysie politique.

Chapitre ❾ LE RÔLE DE L'ÉTAT

— L'ORGANISATION ADMINISTRATIVE   p. 63

1 96 départements – 325 arrondissements – 3 714 cantons – 36 000 communes.

2 En France, l'administration qui assure le fonctionnement de l'État est très centralisée. À Paris se trouvent les ministères qui réunissent les fonctionnaires placés sous l'autorité de chaque ministre du gouvernement. Le Conseil des ministres nomme pour chaque région ou département un préfet qui y représente l'État. Celui-ci fait exécuter les lois et les ordres du gouvernement, et dirige les services de l'État.

3 Le pouvoir central de l'État est organisé selon une hiérarchie administrative qui passe par les régions, les départements et les communes. À chaque niveau, il y a des fonctionnaires représentant le pouvoir central. L'administration de la Justice divise la France en neuf régions. L'administration de l'Éducation nationale divise la France en vingt-six académies.

4 Les avantages d'être fonctionnaire sont la sécurité de l'emploi, la possibilité de s'élever dans la carrière administrative et de toucher un salaire plus important, et une retraite garantie en fin de carrière.

5 Réponse individuelle. On pourrait comparer la sécurité de l'emploi dans le secteur public et les incertitudes liées à l'évolution positive ou négative de l'économie nationale qui caractérisent l'emploi dans le secteur privé.

— LA RÉGIONALISATION   p. 65

1 **Nantes** : Pays de la Loire – **Toulouse** : Midi-Pyrénées – **Montpellier** : Languedoc-Roussillon – **Lyon** : Rhône-Alpes – **Lille** : Nord-Pas-de-Calais – **Strasbourg** : Alsace – **Rennes** : Bretagne – **Grenoble** : Rhône-Alpes – **Nice** : Provence-Alpes-Côte d'Azur (PACA).

2 Dans chaque région, il y a une assemblée élue pour six ans au suffrage universel, le conseil régional, qui a son budget propre pour financer le développement économique, social, éducatif et culturel de la région. Cette responsabilité budgétaire donne au conseil une certaine autonomie par rapport au pouvoir central de l'État. En raison de l'appartenance politique des conseillers élus, le conseil exerce une influence politique.

3 Le pouvoir de décision accordé au conseil régional par la loi sur la décentralisation diminue le pouvoir de l'État exercé auparavant par l'administration centrale située à Paris.

4 Les capitales régionales ont connu une forte augmentation de leur population et de leur importance économique grâce à la spécialisation industrielle et technologique.

5 Ce sont les régions proches des frontières françaises et donc des pays environnants : le Nord, la Lorraine, le Lyonnais (partie de la région Rhône-Alpes autour de Lyon) et le Languedoc-Roussillon.

6 Les « pays » sont des localités géographiques anciennes qui ont gardé une identité spécifique grâce à des traditions sportives, gastronomiques ou culturelles.

— L'ÉTAT, POUR QUOI FAIRE ?   p. 67

1 Il nourrit : ministère de l'Agriculture et de la Pêche. – Il loge : ministère de l'Équipement, des Transports et du Logement. – Il enseigne : ministère de l'Éducation nationale. – Il soigne : ministère de la Santé. – Il transporte : ministère de l'Équipement, des Transports et du Logement. – Il éclaire et chauffe : ministère de l'Équipement, des Transports et du Logement. – Il cherche : ministère de la Recherche. – Il relie : ministère de l'Emploi et de la Solidarité. – Il défend : ministère de la Défense.

2 • Le transfert d'un certain nombre de pouvoirs de l'État aux régions par l'intermédiaire du conseil régional a décentralisé en partie une administration qui était auparavant extrêmement centralisée. Les régions ont aujourd'hui une plus grande autonomie en ce qui concerne les services scolaires, culturels, sanitaires et sociaux ainsi que le développement économique de la région. • Comme membre de l'Union européenne, la France a transféré à la Commission européenne à Bruxelles, qui est responsable de l'administration de l'Union, certains pouvoirs que possédait auparavant l'État français. C'est ainsi que l'État doit se conformer aux décisions prises à Bruxelles et a perdu son indépendance administrative.

3 Aujourd'hui, on se plaint de la complexité des services administratifs de l'État. On leur reproche d'être une bureaucratie trop lourde, trop formelle, trop lente et trop coûteuse. L'État essaie donc de moderniser l'administration en la rendant plus humaine et plus proche des citoyens. Il privatise aussi certains services qu'il assurait autrefois.

4 Réponses diverses selon les pays. Dressez la liste des institutions citées dans l'encadré et classez-les selon la confiance qu'elles inspirent chez le public de votre pays. Comparez votre classement et le classement français présenté dans l'encadré.

Chapitre ⑩ LA LOI ET L'ORDRE

— LE DROIT ET LA JUSTICE   p. 69

1 La liberté individuelle, l'égalité devant la loi et la séparation des pouvoirs. Les lois votées par le Parlement font partie du pouvoir législatif. Le pouvoir judiciaire a pour fonction d'appliquer les lois.

2 Le philosophe Montesquieu (1689-1755) propose dans *L'Esprit des lois* (1748) la séparation des pouvoirs législatif, exécutif et judiciaire afin de garantir la liberté et l'indépendance de la justice. Le principe de la séparation du pouvoir politique et du pouvoir judiciaire est garanti par la Constitution.

3 La puissance des médias (presse et télévision) et d'Internet, qui influencent l'opinion publique, rend plus difficile l'indépendance de la justice.

4 Cette séparation des juridictions empêche les juridictions judiciaires (responsables de la justice civile et pénale) de jouer un rôle dans le règlement des disputes entre les citoyens et le pouvoir politique et administratif de l'État.

5 **Crime** : cour d'assises – **Contravention** : tribunal de police – **Délit** : tribunal correctionnel.

— L'ARMÉE ET LA POLICE   p. 71

1 • Bataille de Valmy. • Campagne de l'armée républicaine de la nation. • Début de la Seconde Guerre mondiale. • Bataille de Diên Biên Phû. • Guerre entre la France et la Prusse. • Début de la Première Guerre mondiale. • Occupation de la France.

2 Le défilé militaire symbolise l'union de l'armée et de la nation. La date de la Fête nationale, le 14 juillet, rappelle la date de la prise de la Bastille, fêtée pour le première fois en 1790. Elle célèbre l'unité de la nation.

3 En disposant d'une arme atomique, instrument de la dissuasion nucléaire, la France, selon le général de Gaulle, se plaçait au même rang que les grandes puissances internationales qui possédaient des armes atomiques. De plus, cela rendait la France capable de se défendre contre une invasion étrangère.

4 L'armée française participe à des actions menées par l'Organisation des Nations unies ou par l'Organisation du traité de l'Atlantique nord pour rétablir et maintenir la paix dans des pays où une guerre a éclaté.

5 Créée par le roi Louis-Philippe en 1831, la Légion étrangère a participé à la conquête française de l'Algérie (1840-1848). L'uniforme, la marche lente, la fanfare de la Légion, la discipline dure imposée aux légionnaires, son recrutement international, ses faits d'armes ont suscité l'admiration et une affection populaire pour ce corps d'infanterie. La Légion étrangère est toujours très applaudie pendant le défilé militaire du 14 juillet.

6 Réponses diverses selon les pays. En plus des informations données dans l'encadré page 70, lisez celles de l'encadré page 66.

◆ À SAVOIR
• Valmy (1792) : victoire de l'armée républicaine contre l'armée des Prussiens venue en aide au roi Louis XVI.
• L'an II : la proclamation de la Iᵉ République en 1792 met fin à la monarchie. L'année 1792 devient l'an I du nouveau calendrier républicain.

Chapitre ⑪ LA FRANCE ET L'EUROPE

— LA CONSTRUCTION EUROPÉENNE   p. 73

1 Les Français possèdent un passeport européen et peuvent circuler librement à l'intérieur de l'Union européenne. Quand le président de la République s'adresse aux Français, on voit à côté de lui le drapeau tricolore et le drapeau européen bleu aux étoiles d'or.

2 **1951** : création de la Communauté européenne du charbon et de l'acier. – **1957** : le traité de Rome crée la Communauté économique européenne. – **1963** : signature du traité de coopération franco-allemand. – **1992** : le traité de Maastricht crée l'Union européenne. – **1997** : le traité d'Amsterdam ajoute au traité de Maastricht des objectifs sociaux et la mise en place d'une politique étrangère commune pour les pays membres de l'Union. – **2000** : le traité de Nice prépare l'entrée de nouveaux pays membres dans l'Union.

3 1957 : l'Allemagne, la Belgique, la France, le Luxembourg, l'Italie, les Pays-Bas. – **1973** : le Danemark, la Grande-Bretagne, l'Irlande. – **1981** : la Grèce. – **1986** : l'Espagne, le Portugal. – **1995** : l'Autriche, la Finlande, la Suède.

4 Le Conseil européen des chefs d'État et de gouvernement, le Conseil des ministres, le Parlement européen, la Commission européenne.

5 Le Parlement européen, qui est élu au suffrage universel tous les cinq ans, vote le budget et les lois de l'Union. La Commission est composée de commissaires européens qui administrent l'Union, proposent des orientations et appliquent les lois. Le Conseil des ministres réunit les ministres compétents des pays membres de l'Union (par exemple les ministres de l'Agriculture, les ministres des Transports, etc.). Ils discutent et adoptent les politiques communes à partir des propositions faites par la Commission.

6 C'est surtout le succès économique de l'Europe des Quinze qui incite d'autres pays européens à vouloir devenir membres de l'Union européenne. Les difficultés posées par l'élargissement sont : l'intégration économique de pays moins développés ; la difficulté d'arriver dans le Conseil européen à des décisions unanimes si chaque pays a un pouvoir de veto, comme c'est le cas actuellement ; les réformes administratives nécessaires s'il y a un plus grand nombre de pays membres.

— L'AVENIR EUROPÉEN   p. 75

1 • La disparition des frontières douanières entre les pays constituant l'Union européenne crée un territoire de 3 235 millions de kilomètres carrés (l'équivalent d'un tiers de la superficie des États-Unis) où les marchandises, les services, les capitaux et les résidents peuvent circuler librement d'un pays à l'autre. • Il s'agit de l'euro qui, en 2002, a remplacé la monnaie nationale de douze pays de l'Union européenne. La Grande-Bretagne, la Suède et le Danemark n'ont pas adopté l'euro. Le 1er janvier 2002, la population de la zone euro s'est élevée à 305,1 millions de personnes. • À l'intérieur de l'Union européenne, c'est le territoire constitué par neuf pays où les personnes peuvent circuler librement sans contrôle aux frontières. • La Cour européenne de justice se trouve au Luxembourg. On y juge les litiges selon le droit européen qui l'emporte sur les législations nationales. • Les députés du Parlement européen qui se trouve à Strasbourg sont élus tous les cinq ans au suffrage universel dans leur pays. Chaque État membre dispose d'un nombre de sièges déterminé par sa population. • Il s'agit de la Commission européenne qui se trouve à Bruxelles. La Commission propose au Conseil des ministres les mesures à prendre et s'occupe de l'administration de l'Union.

2 Chaque pays membre de l'Union européenne a ses traditions politiques spécifiques. C'est pourquoi il est très difficile d'élaborer des positions politiques communes à tous les pays membres. L'Union a cependant nommé un représentant qui a les fonctions de porte-parole pour la politique étrangère commune. Depuis 2002, une commission présidée par Valéry Giscard d'Estaing est chargée de proposer une nouvelle organisation des institutions.

3 Les magasins sont ouverts plus longtemps en France. Les magasins en Allemagne sont fermés de 16 h le samedi jusqu'au lundi matin. La durée hebdomadaire du travail est plus longue en Allemagne. Les Français font grève beaucoup plus souvent que les Allemands. En semaine, les matchs de football commencent plus tard en France. Les jeunes Allemands vont en classe le matin de 7 h à 13 h, les jeunes Français toute la journée de 8 h ou 8 h 30 à 17 h, environ. Les Français prennent leurs repas plus tard que les Allemands.
Conclusion : dans chaque pays, la différence dans les rapports avec le temps crée un style de vie différent. Il y a dans l'Union européenne un marché unique, mais il n'y aura pas de vie quotidienne unique. On a calculé que le temps pendant lequel tous les Européens pouvaient travailler et échanger ensemble était de trois heures par jour !

— L'ACTION INTERNATIONALE p. 77

1 La superficie et la population de la France sont très petites par rapport aux autres pays du monde. En revanche, sur le plan économique et commercial, la France est l'un des pays les plus importants du monde.

2 Le roi Louis XIV, au XVIIᵉ siècle, a nommé les premiers ambassadeurs de France. De plus, le français a une longue histoire de langue diplomatique. C'est ainsi que les services diplomatiques et la langue ont beaucoup contribué à l'influence française dans le monde.

3 L'indépendance de la France sur la scène internationale, la coopération franco-allemande pour construire l'Europe, l'aide aux pays pauvres par les pays riches, qui se trouvent au nord de l'équateur, le rôle actif de la France dans la recherche d'une paix mondiale, le respect des droits de l'homme, tels sont les thèmes majeurs de la politique étrangère française.

4 Le monde a évolué sous l'impulsion de forces économiques, politiques et morales. La mondialisation a diminué l'indépendance des pays. La création de l'Union européenne a entraîné une coopération étroite entre les quinze pays membres. Des pays asiatiques comme le Japon et la Chine sont devenus des puissances économiques. Des préoccupations internationales comme les droits de l'homme et la protection de l'environnement ont suscité de nouvelles alliances entre pays. Enfin, la culture américaine a exercé à travers le monde une forte influence sur les cultures nationales.

5 Réponses diverses selon les pays.

Les habitants de votre pays vont-ils vivre à l'étranger pour des raisons économiques, professionnelles ou personnelles ?

Dressez la liste des pays qui attirent le plus les Français. Les mêmes pays attirent-ils les habitants de votre pays ? Essayez d'expliquer les différences.

Chapitre ⓬ LA FRANCOPHONIE

— UNE LANGUE EN PARTAGE   p. 79

1 Les populations qui parlent français. – L'ensemble des pays où la langue française est un moyen de communication. – Le sentiment de faire partie d'une grande communauté internationale qui s'exprime en français et qui partage les mêmes valeurs. – Une organisation internationale qui réunit les pays ayant le français en partage.

2 Les pays colonisés par la France en Afrique noire et aux Antilles ont en commun la langue française, donc le moyen d'exprimer dans une langue internationale les valeurs culturelles et spirituelles du monde noir.

3 La négritude (appartenance à la race noire et à ses valeurs) n'est ni un paysage aride et désertique où l'eau manque, ni un paysage de grandes constructions architecturales comme des tours et des cathédrales. Elle fait corps avec la chaleur de la terre et du ciel et n'adopte pas une attitude résignée devant les malheurs qui l'écrasent.

4 Le français est soit langue maternelle, soit langue officielle, soit langue d'enseignement, soit langue étrangère privilégiée.

5 • Le français y est langue maternelle. • Le français y est langue d'enseignement.

— UN PARI POLITIQUE ET CULTUREL   p. 81

1 Versailles : la France. – Dakar : le Sénégal – Cotonou : le Bénin – Hanoi : le Vietnam – Moncton : le Canada.

2 Le Cameroun : Afrique centrale – le Maroc : Afrique du Nord – Madagascar : océan Indien – le Québec : Amérique du Nord – la Côte d'Ivoire : Afrique occidentale – l'île Maurice : océan Indien.

3 Au début, les conférences réunissaient les pays francophones. Ensuite, le nombre de participants a beaucoup augmenté quand des pays où le français est minoritaire ont été admis dans l'organisation. En conséquence, l'intitulé des conférences a évolué de « pays ayant en commun l'usage du français » à « pays ayant le français en partage ». En même temps, des sujets politiques se sont ajoutés aux sujets linguistiques et culturels qui avaient constitué les principaux thèmes de discussion dans les premières conférences.

4 Les nouvelles technologies ont bouleversé la façon de communiquer. La domination des États-Unis dans le développement de ces technologies a aussi contribué à la domination de l'anglais comme langue internationale. Les nouvelles technologies seront donc un moyen grâce auquel le français pourra être diffusé largement à travers le monde. Elles lui permettront de garder sa position privilégiée de langue internationale, bien au-delà du monde francophone.

5 La diffusion de la production littéraire, musicale et cinématographique du monde francophone n'est plus limitée aux pays d'origine. Elle fait partie aujourd'hui de la culture française. Des écrivains francophones ont remporté les prix littéraires les plus prestigieux en France. Dans leur vie quotidienne, les Français écoutent la musique francophone et regardent des films francophones au même titre que la musique et le cinéma français.

6 La francophonie réunit des pays de cultures diverses et encourage le dialogue des cultures. La Conférence des pays ayant le français en partage développe, entre autres objectifs, la promotion d'échanges culturels entre les pays. La diversité des cultures francophones est illustrée par des spectacles et par des tournées de musiciens et d'artistes à travers le monde.

◆ **À SAVOIR**
Pour des informations supplémentaires sur la francophonie, consultez www. francophonie.org

— L'AIDE AU DÉVELOPPEMENT   p. 83

1 L'Afrique, l'Indochine (le Cambodge, le Laos et le Vietnam), les Antilles françaises (Guadeloupe, Martinique), l'Océanie (la Nouvelle-Calédonie, la Polynésie française).

2 La France, comme la Grande-Bretagne, tirait de grands avantages économiques de ses colonies en même temps qu'elle les aidait sur le plan éducatif, sanitaire, etc. La France considère qu'elle avait le devoir d'aider au développement économique, politique et culturel des anciennes colonies après leur indépendance.

3 Cette aide est fournie sous forme de programmes économiques administratifs, juridiques et sanitaires, et par l'envoi de nombreux conseillers et coopérants techniques dans les services publics, l'enseignement, les hôpitaux, etc.

4 Pour le commerce international, de fortes inégalités entre les pays développés et les pays en voie de développement – Une croissance rapide de la population qui se déplace de la campagne vers les villes – La disparition des structures sociales traditionnelles – Les conflits armés entre des ethnies et des pays – La difficulté d'installer des régimes démocratiques stables.

5 Dans le contexte plus général du dialogue Nord-Sud, encourager les pays développés à augmenter l'aide aux pays en voie de développement, et encourager ceux-ci à diriger eux-mêmes ces programmes.

6 Médecins sans frontières est une organisation non gouvernementale d'aide médicale. Les jeunes médecins, infirmiers et techniciens qui participent à son action humanitaire à travers le monde ont le devoir moral de soigner les victimes de guerres civiles et de catastrophes naturelles (tremblements de terre, inondations).

7 L'action humanitaire des « french doctors » inspire une admiration universelle, illustrée par leur prix Nobel de la paix en 1999. Les « french doctors » sont volontaires et travaillent pour une organisation non gouvernementale. L'aide considérable fournie par la France aux pays en voie de développement est perçue comme une action généreuse liée à l'image de la France, le « pays des droits de l'homme ». Mais le contexte politique est aussi important, car beaucoup de pays en voie de développement sont d'anciennes colonies françaises.

Chapitre ⓭ UNE ÉCONOMIE QUI S'EXPORTE

— L'IMAGE ÉCONOMIQUE   p. 85

1. La France est passée de la 21e position à la 4e position comme puissance économique mondiale. La France est aujourd'hui la 2e puissance mondiale pour les exportations par habitant.

2. Dans une économie libérale, l'État intervient le moins possible et l'économie évolue selon les forces du marché international. L'économie américaine en est un exemple. Le contraire, c'est une économie planifiée où l'État décide comment l'économie doit évoluer. L'État a dirigé la reconstruction de l'économie française après la Seconde Guerre mondiale au moyen d'une série de « Plans de développement économique et social » et comme propriétaire de toutes les sociétés d'importance nationale (banques, énergie, transports, industries). Depuis 1986, l'État français a privatisé la plupart des sociétés nationalisées. L'économie française s'est donc transformée en une forme modifiée d'économie libérale, où l'État a renoncé à son rôle dominant mais continue d'exercer une responsabilité.

3. Les domaines figurent entre parenthèses après le nom des entreprises françaises multinationales citées au troisième paragraphe. Carrefour est une chaîne d'hypermarchés.

4. Par les exportations de marchandises et de services et par les investissements à l'étranger.

5. Le nombre de produits français qui font partie de la vie quotidienne dans les pays étrangers est assez limité et leurs marques sont moins connues que les marques d'autres pays.

6. Réponses diverses selon les pays. Les marques les plus connues à l'étranger sont en général associées à des parfums et produits de beauté, à la mode, à des produits alimentaires, à des vins et spiritueux, à des automobiles ou à des avions.

— UNE PUISSANCE COMMERCIALE   p. 87

1. La France se situe au 4e rang des pays exportateurs, mais sa richesse provient davantage de ses exportations que celle des États-Unis ou du Japon.

2. Jusqu'à la fin de la Seconde Guerre mondiale, la France était surtout un pays agricole. Depuis cette époque, elle est devenue un pays industriel et exportateur de services. La libre circulation des produits à l'intérieur de l'Union européenne et la compétition internationale ont obligé l'industrie française à entreprendre des concentrations et des restructurations afin de développer ses exportations.

3. Les exportations agroalimentaires, les produits manufacturés et les services.

4. L'Allemagne, les États-Unis, la Grande-Bretagne, l'Italie, l'Espagne, le Portugal et la Pologne.

5. Réponses diverses selon les pays.

6. Réponse individuelle. Comparez les succès du commerce extérieur de la France et son image d'un petit pays chauvin, fermé sur lui-même. Cette image est-elle justifiée aujourd'hui ?

◆ À SAVOIR
Astérix : *voir p. 14.*

Chapitre ⑭ UNE PUISSANCE AGRICOLE

— LA DEUXIÈME PUISSANCE AGRICOLE MONDIALE p. 89

1 La diversité des reliefs (montagnes, plaines, fleuves), des sols fertiles et la diversité du climat (atlantique, continental, méditerranéen) ont permis une agriculture diversifiée.

2 • La France est le plus important producteur agricole européen. • La France est le deuxième exportateur mondial de produits agricoles et alimentaires.

3 • L'agriculture française se concentre : en vingt-cinq ans, le nombre des petites exploitations inférieures à 20 hectares a baissé de deux tiers, alors que les exploitations de plus de 50 hectares ont doublé. • Le nombre d'agriculteurs a baissé de 7 millions en 1946 (juste après la Seconde Guerre mondiale) à 650 000. Aujourd'hui, les familles d'agriculteurs ne représentent que 3,5 % de la population, mais leur influence politique est très supérieure à leur nombre. Les agriculteurs occupent 51 % du territoire national et un tiers des 36 000 maires de France sont des agriculteurs. • En Bretagne, c'est l'élevage industriel (surtout de porcs). – Dans le Grand Ouest, c'est le lait. – Dans le Bassin parisien et le Sud-Ouest, les céréales. – Dans le Sud-Est, la vigne, les arbres fruitiers et les légumes. Le nombre de petites et moyennes exploitations sans spécialisation est tombé de 760 000 en 1982 à 115 000 en 1999. Les grandes exploitations qui se sont spécialisées (dans l'élevage, la viticulture, les arbres fruitiers...) sont au nombre de 130 000 (+ 28 %). • En plus de la spécialisation, les techniques de culture et d'élevage sont de plus en plus industrielles et automatisées.

4 Le paysan d'autrefois menait une vie isolée à la campagne dans une maison sans confort et produisait pratiquement tout ce qu'il consommait. L'agriculteur d'aujourd'hui participe activement à la vie économique et politique. Sur le plan social, il n'y a plus de différence fondamentale entre un agriculteur et un citadin. La télévision et l'urbanisation ont beaucoup rapproché le monde rural et les habitants des villes. L'agriculteur est aujourd'hui un entrepreneur comme le patron industriel et tous les deux bénéficient de l'informatique. Le paysan respectait et protégeait la nature. L'industrialisation de l'agriculture a souvent pour conséquence une nature polluée. C'est pourquoi on plaide aujourd'hui pour une agriculture écologiquement responsable.

◆ À SAVOIR
• *L'Angélus* (1859) : ce tableau du peintre Jean-François Millet (1814-1875) dégage une image noble du monde paysan à la fin d'une dure journée de travail.
• Le Salon de l'agriculture : ce grand rendez-vous annuel, en février, du monde agricole (au Parc des expositions de la porte de Versailles, à Paris) fête en 2003 son cinquantième anniversaire.

— L'INDUSTRIE AGROALIMENTAIRE ET LE MONDE RURAL   p. 91

1 Malgré la forte baisse du nombre d'agriculteurs, la production agricole est devenue plus efficace grâce à de nouvelles techniques modernes. Aujourd'hui, un agriculteur peut nourrir trente Français alors qu'en 1950 il pouvait en nourrir seulement huit. La France se situe actuellement parmi les plus gros producteurs mondiaux de blé, de betteraves à sucre, de fruits et légumes, de tournesol, de colza, de viande bovine, de porc et de volaille.

2 La France domine l'agriculture en Europe et elle est la première bénéficiaire de la PAC (politique agricole commune). Les autres pays cités se répartissent en quatre groupes : l'Allemagne et l'Espagne ; l'Italie et le Royaume-Uni ; la Grèce ; l'Irlande et les Pays-Bas. Notons que la part de l'emploi agricole dans le pourcentage de l'emploi total donne un classement différent : l'Espagne 7,9 % ; l'Italie 6,4 % ; la France 4,4 % ; l'Allemagne 2,8 % ; le Royaume-Uni 1,7 %. En garantissant les prix, la PAC encourage la production intensive. Suite à la crise de la vache folle et de la fièvre aphteuse, l'opinion publique a condamné cette orientation productiviste en se montrant plus soucieuse de santé et d'environnement.

3 Les céréales, biscuits et pâtes alimentaires – les produits laitiers – l'eau minérale.

4 Les groupes agroalimentaires se sont installés près des lieux de production, qui se trouvent dans des régions spécifiques. Par exemple, les eaux minérales plates comme Evian (Danone) et gazeuses comme Perrier (Nestlé) sont mises en bouteille près de leur source. Les vignobles produisant le raisin pour le champagne se trouvent autour des villes de Reims et d'Épernay.

5 Les succès du tourisme vert (écologique), du Salon de l'agriculture, des produits fermiers ou biologiques, et des plats de cuisine régionale.

6 Réponse individuelle.

Chapitre ⑮ UNE INDUSTRIE INNOVANTE

— LES TRANSPORTS   p. 93

1 Airbus – Ariane – le TGV (train à grande vitesse) – Renault, Peugeot, Citroën.

2 La France a été étroitement associée au développement de l'aviation. L'aviateur Jean Mermoz a réussi en 1930 la première traversée aérienne entre la France et l'Amérique du Sud. Antoine de Saint-Exupéry (1900-1944), aviateur et écrivain, a écrit des romans inspirés par sa vie de pilote de ligne et de guerre. L'ingénieur Marcel Dassault (1892-1986) a fondé une grande société de construction d'avions Dassault-Aviation. De plus, l'État français a joué un rôle clé en finançant les grands projets et a participé en 1967, avec l'Allemagne et la Grande-Bretagne, à la création d'Airbus Industrie à Toulouse. En 1999, EADS (European Aeronautic Defence and Space Company), résultat de la fusion d'Aérospatiale Matra (France), de Dasa (Allemagne) et de Casa (Espagne), a incorporé Airbus Industrie.

3 Par la vitesse du trajet en TGV (par exemple, trois heures de Paris à Marseille sur le TGV Méditerranée inauguré en 2001) et par le développement d'un réseau européen (par exemple, Eurostar et Thalys), le rapport des Français à l'espace se trouve modifié.

4 L'industrie automobile française ne cesse de se moderniser et de créer de nouveaux modèles très populaires. L'exportation de 50 % de sa production augmente les ventes et fait connaître ses modèles à l'étranger.

5 En 1895, les frères Michelin ont fabriqué dans leur usine à Clermont-Ferrand (Auvergne) leur premier pneu pour automobiles. Michelin est aujourd'hui le deuxième constructeur de pneumatiques dans le monde.

6 La voiture occupe une place importante dans la vie quotidienne. C'est pourquoi le Salon attire des foules de visiteurs venus voir les nouveaux modèles proposés par les constructeurs d'automobiles d'une trentaine de pays. On peut parler, en France, d'une véritable culture de l'automobile.

— L'ÉNERGIE   p. 95

1 La France, très pauvre en pétrole, est obligée d'importer la presque totalité de ses besoins pétroliers. Quand, en 1973, les pays producteurs ont augmenté rapidement le prix du pétrole, la France a dû payer beaucoup plus cher ses importations pétrolières. Cela a provoqué une crise économique et la fin d'une longue période de plein emploi.

2 Le gouvernement a entrepris d'équiper la France en centrales nucléaires, usines produisant l'électricité au moyen de réacteurs nucléaires. Ces centrales produisent 75 % de l'électricité en France aujourd'hui.

3 Les adversaires des centrales nucléaires s'inquiètent de la sécurité et de la radioactivité dangereuse pour la santé des gens en cas de panne des réacteurs. Ils citent la catastrophe provoquée par l'explosion de la centrale nucléaire de Tchernobyl en 1986.

4 Ils proposent des énergies renouvelables respectueuses de l'environnement et sans risque pour la santé : le vent (grâce à des éoliennes), le soleil (énergie solaire) et l'eau (énergie hydraulique).

5 EDF (Électricité de France) et GDF (Gaz de France).

— LA COMMUNICATION   p. 97

1 **1.** Bretagne, Rhône-Alpes, Provence-Alpes-Côte d'Azur. – **2.** Dans le centre de la France (Poitou-Charentes, Centre, Bourgogne). – **3.** Les technopoles favorisent la collaboration entre des centres de recherche scientifique et technologique et des industries de pointe. Elles incitent à la création d'entreprises dans le domaine des nouvelles technologies. La France doit ainsi rester à la tête de l'innovation dans ce domaine. De plus, les économies régionales en bénéficieront.

2 Réponses diverses selon les pays. Le portable est un moyen de communication facile à tout moment et dans tous les lieux. Relié à Internet, il donne accès à des moyens de communication supplémentaires et à d'énormes réseaux d'information.

Chapitre 🔟 UNE INDUSTRIE DE L'ART DE VIVRE

— L'INDUSTRIE DU LUXE   p. 99

1 La place Vendôme (1er arrondissement) : les bijoux – la rue du Faubourg-Saint-Honoré (8e) : le prêt-à-porter de luxe – l'avenue Montaigne (8e) : la haute couture.

2 Chanel, Dior, Cardin, Yves Saint Laurent, Guerlain, Lancôme, Hermès, Vuitton.

3 Coco Chanel (1883-1971) – Christian Dior (1905-1957) – Pierre Balmain (1914-1982) – Pierre Cardin (1932) – Yves Saint Laurent (1936) – Jean-Paul Gaultier (1952). Ils sont tous célèbres pour leur rôle dans la haute couture et pour leurs parfums.

4 La présentation à Paris des nouvelles collections d'hiver et d'été est relayée à travers le monde par la presse et la télévision. C'est ainsi que l'image de la France comme pays de la mode, du style, de l'élégance et du luxe est renouvelée chaque année.

5 En France, les industries du luxe et de la beauté emploient un pourcentage important de la population active. Les ventes en France et à l'étranger, où les marques du luxe français sont très renommées, contribuent de façon significative à l'économie nationale.

— LA GASTRONOMIE   p. 101

1 **Le roi Henri IV** : « Je veux que tout le monde puisse manger de la poule au pot chaque dimanche. » – **La reine Marie-Antoinette** : « Ils n'ont pas de pain, qu'ils mangent de la brioche ! » – **Le général de Gaulle** : « Comment voulez-vous gouverner un pays qui a 350 sortes de fromages ? »

2 « La cuisine politique » : des manœuvres politiques douteuses. – « Le panier de crabes » : un groupe de personnes qui se disputent. – « Un pot-de-vin » : une somme d'argent frauduleuse.

3 La gastronomie et la mode sont des éléments essentiels de l'image internationale prestigieuse de la France. La haute cuisine (à distinguer de la « bonne cuisine ») et la haute couture sont considérées par les Français comme des arts. Toutes les deux font partie de longues traditions : pour la gastronomie, depuis le maître d'hôtel Vatel (xviie siècle) ; pour la haute couture, depuis que Jeanne Lanvin a ouvert en 1909 sa maison de couture.

4 Le succès du guide Michelin acheté par un Français sur cinquante, et du guide Gault et Millau (créé en 1970 par deux critiques gastronomiques), qui classent les restaurants selon la qualité de la cuisine qu'ils servent, révèle l'intérêt et le sérieux que les Français accordent aux plaisirs gastronomiques. Les vingt-quatre restaurants qui ont reçu trois étoiles dans le guide Michelin en 2002 représentent la perfection culinaire. Le classement des restaurants indique aussi l'amour de la hiérarchie chez les Français.

5 Le camembert (lait de vache) – le roquefort (lait de brebis) – le chèvre (lait de chèvre). Selon la tradition, on boit du vin rouge avec le fromage.

6 La gastronomie est une passion française qui a une longue histoire. Les cuisines régionales et les traditions familiales apportent une grande diversité à la gastronomie française. Des traditions paysannes et bourgeoises ainsi que les créations des grands chefs ont contribué à l'élaboration d'une gastronomie célèbre à travers le monde. Pour les Français, les bons repas sont un des moyens de faire naître la sympathie entre les gens. Et l'un des sujets de conversation favoris pendant les repas est… le repas et le bien manger. On comprend alors pourquoi les restaurants des grands chefs sont des « temples gastronomiques ».

◆ À SAVOIR
José Bové : *voir p. 90.*

— LE TOURISME   p. 103

1 En 2001, la France est toujours la première destination touristique du monde.

2 • **Ski** : Alpes ou Pyrénées (le Sud-Ouest). • **Bronzer** : côte méditerranéenne (la Côte d'Azur et la côte du Languedoc-Roussillon). • **Surf** : côte atlantique du Sud-Ouest. • **Paysages du Midi** : Provence. • **Cathédrale gothique** : Île-de-France. • **Châteaux du XVIe siècle** : vallée de la Loire. • **Site historique** : plages de la Normandie où a eu lieu le Débarquement des forces alliées qui ont libéré la France à la fin de la Seconde Guerre mondiale. • **Lieu de pèlerinage religieux** : Lourdes (sainte Bernadette). • **Musée** : musée du Louvre à Paris.

3 Réponse individuelle. Vous pourriez regarder la carte des régions sur la page de couverture au début du livre, et revoir les pages 20-38 pour des informations sur les régions et Paris.

REPÈRES SOCIAUX

Chapitre ⓱   EN FAMILLE

— ÉTATS CIVILS   p. 105

1 • **Être célibataire** : femme seule. • **Union libre** : cohabitation – vivre ensemble – parents célibataires – séparation. • **Famille traditionnelle** : mariage – divorce – fiançailles. • **Famille recomposée** : gens remariés – enfants nés hors mariage – famille monoparentale.

2 Un mariage – un PACS – une naissance.

3 Réponses diverses selon les pays. La « grande famille » se réunit en général pour fêter un mariage, ou à l'occasion de l'enterrement d'un membre de la famille.

4 Dans la famille traditionnelle, les enfants naissent après le mariage des parents. Aujourd'hui, c'est la vie en couple sans être mariés qui est choisie par la plupart des jeunes. Et cette union libre peut continuer plus ou moins longtemps après la naissance d'enfants. Quatre enfants sur dix naissent hors mariage et plus de la moitié des femmes donnent naissance à leur premier enfant hors mariage. Par conséquent, la famille ne dépend plus du mariage. La naissance d'un enfant transforme une union libre en famille.

— PORTRAITS DE FAMILLE   p. 107

1 Tâches à partager : faire les courses – faire la cuisine – remplir le lave-vaisselle – laver le linge – faire le repassage – faire le ménage – habiller les enfants – emmener les enfants à la crèche ou à l'école – amener les enfants faire du sport.

Les femmes continuent à passer beaucoup plus de temps aux tâches domestiques et familiales que les hommes : quatre heures et demie par jour contre deux heures et demie. Faire la cuisine est un rôle assuré en majeure partie par la femme, même le week-end. Quand il s'agit de remplir le lave-vaisselle, tout le monde participe, mais la femme participe plus que les autres.

2 Cette photo est prise dans la cuisine au moment du petit déjeuner, probablement pendant le week-end car le père est habillé de façon décontractée. Le jeune père tient dans ses bras le bébé qui vient de prendre son biberon. Il s'agit d'un « nouveau père » qui partage les tâches familiales avec la mère.

3 • En fêtant leur dix-huitième anniversaire, les jeunes Français entrent dans l'âge adulte. Ils deviennent alors légalement responsables et ont le droit de voter et peuvent posséder un permis de conduire comme tous les adultes. S'ils n'ont pas quitté l'école à 16 ans, ils terminent leurs études secondaires vers l'âge de 18 ans en passant le baccalauréat. À 18 ans, tous les jeunes sont convoqués à la journée d'appel de préparation à la défense (JAPD). Cependant, bien qu'ils soient majeurs à 18 ans, la plupart d'entre eux vivent encore chez leurs parents et continuent à y habiter même quand ils ont dépassé l'âge de 20 ans. L'une des conséquences de la crise économique et du chômage en France, c'est que les jeunes prolongent leurs études supérieures et vivent plus longtemps chez leurs parents. • Réponses diverses selon les pays.

4 La tradition selon laquelle la plupart des couples qui, une fois mariés, passaient le reste de leur vie ensemble, n'existe plus. Aujourd'hui, presque la moitié des mariages se terminent par le divorce, et même avant cinq ans pour 20 % des mariés. C'est très souvent la femme qui demande le divorce et, s'il y a des enfants, c'est elle qui les garde plutôt que le père. Si les parents refont leur vie avec un nouveau partenaire, les enfants feront partie d'une famille recomposée.

5 Autrefois, la plupart des femmes restaient au foyer à s'occuper des enfants et du ménage. Aujourd'hui, 75 % des femmes ont une activité professionnelle et les hommes doivent partager avec elles les tâches domestiques et familiales. En quittant leur foyer pour travailler, les femmes ont réclamé l'égalité avec les hommes dans tous les domaines de la vie publique. Pour les Françaises, cette égalité devait être l'égalité dans la différence. En instaurant la parité entre les femmes et les hommes sur leurs listes de candidats pour les élections, les partis de gauche ont aidé davantage de Françaises à être élues au Parlement et aux conseils régionaux et municipaux.

— L'ÉTAT ET LA FAMILLE   p. 109

1 La population française vieillit. De plus, depuis les années 1970, le nombre de naissances n'est pas suffisant pour renouveler la population. Malgré le mini baby-boom à la fin des années 1990, avec 1,89 enfant par femme en 2000, la France continue de vieillir.

2 Des allocations familiales, des réductions d'impôts, des tarifs réduits dans les transports publics et pour les activités culturelles et, pour les enfants, des bourses d'études.

3 Grâce au congé maternel, les femmes ne sont pas pénalisées sur le plan professionnel et peuvent retourner à leur travail dans les mêmes conditions. Le congé paternel permet au père de participer activement à la vie domestique après la naissance du bébé.

4 Réponse individuelle. Le classement des Françaises donne la priorité à l'adaptation du travail à temps partiel aux contraintes de la vie familiale, ainsi qu'à l'augmentation de la capacité d'accueil et à l'assouplissement de l'horaire des crèches.

5 Réponse individuelle. La famille est une des valeurs principales de la société française. Le gouvernement a créé le poste de ministre déléguée à la Famille. Y a-t-il un poste attribué à la famille dans le gouvernement de votre pays ?

◆ À SAVOIR
Les communes : sur le plan administratif, la France est divisée en 36 000 communes.

Chapitre ⓲ À L'ÉCOLE

— L'ÉCOLE POUR TOUS   p. 111

1 • L'État a la responsabilité exclusive de l'enseignement en France. Le système éducatif français est très centralisé. Au sommet de cette centralisation se trouve le ministre de l'Éducation nationale. Le ministère décide de tous les programmes d'enseignement et délivre les diplômes nationaux. Le baccalauréat en est un exemple. Créé par Napoléon en 1808, le baccalauréat est un examen national de fin d'études secondaires. En 2001, l'Éducation nationale représentait 21 % du budget de l'État, et ses agents plus de la moitié des fonctionnaires. • Réponses diverses selon les pays.

2 L'école publique en France doit à l'Histoire un objectif symbolique : maintenir l'unité de la République en garantissant l'égalité d'accès (l'école est gratuite), la non-discrimination, la neutralité et la laïcité. Elle doit aussi à l'Histoire des objectifs académiques et théoriques (l'accumulation des connaissances, la culture générale, la réflexion et l'esprit critique) plutôt que des objectifs éducatifs (l'esprit civique, les activités sportives et artistiques). La crise économique et le chômage pendant les dernières décennies du xxᵉ siècle ont créé chez le grand public le désir de voir l'école fixer comme priorité la formation des étudiants au monde du travail.

3 Bien qu'une petite minorité de la population scolaire soit inscrite dans des écoles privées, les grandes manifestations en faveur du privé, ainsi que celles en faveur de l'école laïque (publique), ont révélé chez les Français le désir de garder la liberté de choix entre les deux systèmes. Notons que les élèves du privé doivent passer les mêmes examens nationaux que ceux du public et que les professeurs du privé sont souvent payés (quand il y a contrat d'association) par l'État.

4 Réponse individuelle.

— L'ORGANISATION DES ÉTUDES   p. 113

1 • **Le collège** : les élèves vont au collège pendant les quatre années du premier cycle du second degré (les classes de 6ᵉ, 5ᵉ, 4ᵉ et 3ᵉ). Les élèves sont âgés de 11 à 15 ans. • **Le lycée** : après le collège, les élèves vont au lycée pendant les trois années du second cycle du second degré (les classes de seconde, première et terminale). S'ils vont au lycée professionnel, ils y passent deux années. • **Le bac** : le baccalauréat est l'examen national que les élèves passent en fin de terminale, au mois de juin. On peut se présenter au baccalauréat général ou au baccalauréat professionnel. En 2001, les candidats reçus au bac professionnel ou technologique représentaient 43 % des bacheliers. • **Le DEUG** : le diplôme d'études universitaires générales est obtenu après deux années d'études réussies à l'université. • **La licence** : si on fait une année d'études réussies après le DEUG, on obtient la licence. • **L'IUT** : le baccalauréat donne accès à l'institut universitaire de technologie où les cours, dont les 2/3 sont consacrés à la formation pratique, durent deux ans. On y obtient un diplôme universitaire de technologie (DUT). • **Les grandes écoles** : il faut réussir un concours très difficile, après deux ans de classes préparatoires qui font suite au baccalauréat, avant de figurer parmi les 20 % d'étudiants admis dans une grande école. Les grandes écoles les plus prestigieuses sont l'ENA et l'École polytechnique.

2 Les trois niveaux sont : le premier degré (école maternelle et école primaire) – le second degré (collège et lycée), correspondant à l'enseignement secondaire qui se termine avec le baccalauréat – l'enseignement supérieur, qui est dispensé dans les instituts universitaires de technologie (IUT), les universités et les grandes écoles.

3 En France, les études et les diplômes, plus que la fortune, déterminent la place de chacun dans la hiérarchie sociale. Le baccalauréat général est un diplôme national important car il permet de s'inscrire directement à l'université. Il reste un titre social indispensable, mais n'offre plus la garantie de trouver un bon travail. Le baccalauréat professionnel ou technologique est davantage orienté vers le monde du travail. Chaque diplôme obtenu après le bac améliore ses chances professionnelles. Parce qu'il y a un concours d'entrée pour les grandes écoles, les diplômés de celles-ci occupent les postes les plus élevés et constituent l'élite sociale de la France.

4 • Pour les raisons citées dans la réponse précédente, la période des épreuves et des résultats du baccalauréat attire l'attention du grand public. Le titre du film *Passe ton bac d'abord* résume l'importance que les parents français accordent à cet examen dans la vie de leurs enfants. • Réponses diverses selon les pays.

5 L'école publique (enseignement primaire et secondaire) est gratuite en France. L'État finance aussi les universités, les IUT et les grandes écoles où les études sont gratuites. L'État dépense en moyenne 5 640 euros pour un étudiant à l'université, 8 079 euros pour un étudiant en IUT, et 11 480 euros pour un étudiant en grande école.

◆ **À SAVOIR**

Les universités : depuis 1968, les universités sont pluridisciplinaires et constituées d'unités de formation et de recherche (UFR). Les universités de Paris et sa banlieue accueillent le quart des étudiants en France. Des étudiants français peuvent faire une partie de leurs études dans d'autres pays de l'Union européenne grâce au programme SOCRATES. Les principaux diplômes universitaires sont la licence, la maîtrise, le DEA (diplôme d'études approfondies), le DESS (diplôme d'études supérieures spécialisées) et le doctorat.

— UN DÉBAT PERMANENT   p. 115

1 Le système éducatif doit satisfaire tout le monde et donc évoluer en permanence pour répondre aux demandes des étudiants, aux souhaits des parents et aux besoins des entreprises qui voudraient que les cours soient moins théoriques et davantage orientés vers la formation professionnelle. Surtout, on attend de l'école qu'elle soit à même de résoudre la crise du chômage.

2 Parmi les thèmes dominants, on note le rôle que l'école doit jouer dans la formation des jeunes pour qu'ils trouvent du travail, la réduction des inégalités sociales et culturelles, les rythmes scolaires, la modernisation des programmes scolaires et des méthodes d'enseignement, et l'accès libre à l'université si on possède le baccalauréat. Les participants au débat sont le gouvernement (par l'intermédiaire du ministre de l'Éducation nationale), les patrons des entreprises, les parents, les lycéens et les étudiants.

3 Bien que le système scolaire français affiche comme principe fondamental l'égalité des chances quelle que soit l'origine sociale de l'étudiant, l'école reproduit les inégalités culturelles plus qu'elle ne les corrige. Les parents fortunés consacrent plus de temps et d'argent à la culture générale et à l'aide scolaire de leurs enfants qui ont ainsi de meilleures chances de réussir. Pour promouvoir l'égalité des chances, le gouvernement a créé des zones d'éducation prioritaires (ZEP) dans les écoles à forte proportion d'enfants pauvres, souvent issus de l'immigration.

4 À l'école primaire, il n'y a pas classe le mercredi mais il y a classe le samedi matin. Au cours des années 1990, certaines écoles ont introduit la semaine de quatre jours, sans classe le mercredi et le samedi. En 2000, ces écoles représentaient environ 20 % de l'ensemble, mais, selon certains spécialistes, la semaine de quatre jours perturbe le rythme intellectuel journalier des enfants. Les élèves ont six heures de classe par jour avec une pause de deux heures pour le déjeuner. Cet emploi du temps est le plus chargé d'Europe. Les élèves qui ont quatre jours de classe par semaine ont des vacances d'été plus courtes que les élèves ayant cours le samedi matin, parce que la législation française décrète que tous les élèves doivent passer 936 heures par an à l'école.

5 Réponse individuelle.

◆ **À SAVOIR**

Les événements de Mai 1968 : en 1968, il y avait à Paris une seule université, la Sorbonne (fondée en 1257), et son annexe à Nanterre dans la banlieue parisienne. En mai, une révolte des étudiants, qui protestaient contre l'insuffisance des locaux et l'organisation démodée des cours, s'est transformée en une grève nationale de tous les travailleurs qui réclamaient eux aussi plus de dialogue et moins de décisions autoritaires à tous les niveaux de la société. La révolte estudiantine a provoqué la création immédiate de douze universités dans la région parisienne et la modernisation des méthodes d'enseignement.

Chapitre ⑲ AU TRAVAIL

— LA VIE PROFESSIONNELLE   p. 117

1 1. Les employés — 2. Les agriculteurs – 3. Les agriculteurs, artisans, commerçants, chefs d'entreprise, ouvriers – 4. Les cadres et professions intellectuelles supérieures, les professions intermédiaires, les employés.

2 En 1982, les ouvriers étaient plus nombreux que les employés (7 millions contre 5,5 millions). D'un côté, le déclin des industries traditionnelles (comme la sidérurgie et le textile) et les restructurations obligées par la concurrence internationale, de l'autre, l'expansion du secteur des services, ont entraîné l'augmentation du nombre d'employés (6,7 millions aujourd'hui) et la baisse du nombre d'ouvriers (5,9 millions).

3 La première crise du pétrole en 1973 a mis fin à l'époque de plein-emploi. Le chômage a atteint 12,6 % de la population active en 1997 avant de retomber à 8,8 % en 2001. En raison du chômage, les jeunes ont beaucoup de mal à trouver un premier emploi, surtout s'ils n'ont pas terminé leurs études au lycée et se retrouvent sans qualification. Selon une enquête auprès de jeunes de 16 à 25 ans en 1999, un niveau d'études supérieur à deux années après le baccalauréat est la meilleure assurance contre le chômage. Les chômeurs de longue durée, surtout les ouvriers non qualifiés ayant perdu leur travail dans les industries traditionnelles, sont particulièrement touchés par la récession économique.

4 La sécurité du travail, caractéristique d'une époque de plein-emploi, est de plus en plus menacée par l'augmentation du chômage. Le contrat de travail de durée indéterminée (CDI) s'est vu remplacer souvent par un contrat à durée déterminée (CDD) ou par un travail intérimaire (ou à temps partiel) payé au salaire minimum (SMIC). Parmi les nouvelles inégalités, on trouve surtout la précarité du travail et les inégalités de revenus, qui entraînent une augmentation de la pauvreté malgré les aides financières du gouvernement.

5 Pour beaucoup de salariés, le travail précaire (sans durée garantie) et le travail à temps partiel ont remplacé le travail permanent à temps plein. Pour diminuer le chômage et créer de nouveaux emplois, le gouvernement a fait voter en 1998 une loi réduisant la semaine du travail de 39 à 35 heures. On a observé que les diplômes n'étaient plus une garantie sûre de trouver un emploi. Le chômage a installé une fracture sociale : un pourcentage considérable de la population (surtout les jeunes de moins de 25 ans et les chômeurs de longue durée) est exclu de la population active.

◆ **À SAVOIR**
• Les femmes au travail : le pourcentage de femmes qui travaillent en France est le plus élevé de tous les pays de l'Union européenne. Cependant, par rapport aux hommes, elles continuent de souffrir d'inégalités : salaire, responsabilités, chômage. Moins de 2 % des grandes entreprises sont dirigés par des femmes.
• Les fonctionnaires : ils travaillent dans le secteur public. L'État emploie plus de 25 % des actifs, pourcentage qui est le plus élevé de tous les pays de l'Union européenne.

— L'ORGANISATION DU TRAVAIL   p. 119

1 La réduction du temps de travail qui, depuis 1998, est fixé à 35 heures dans de très nombreux secteurs de l'activité économique et de la fonction publique. – Les congés payés pour tous les salariés : introduits en 1936 par le gouvernement du Front populaire, ils sont passés progressivement de deux à cinq semaines par an. – L'âge de la retraite, qui est aujourd'hui fixé à 60 ans pour la plupart des salariés, mais plus tôt pour certains emplois jugés durs et fatigants.

2 Réponse individuelle.

3. La réduction du temps de travail à 35 heures par semaine a apporté aux salariés plus de temps libre. Les hommes disent qu'ils peuvent mieux profiter de leur famille, bricoler et jardiner, faire du sport ou une activité culturelle, sortir davantage et aider bénévolement d'autres personnes. Les femmes disent qu'elles ont plus de temps à consacrer aux tâches quotidiennes, pour se reposer et pour voir leur entourage familial.

4. Réponse individuelle.

5. Les manifestations (« manifs ») organisées par les syndicats pour améliorer les conditions de travail ou pour défendre les intérêts des travailleurs perturbent souvent la paix sociale en France. En raison du rôle joué par l'État, les Français comptent sur le gouvernement pour régler les conflits sociaux, que ce soit dans le secteur public où on manifeste contre l'État-patron, ou dans le secteur privé où la fermeture d'entreprises provoque des licenciements massifs. Les « manifs » sont souvent accompagnées de grèves. La manifestation est une manière directe pour les travailleurs d'exprimer leurs opinions, d'attirer l'attention du public sur leurs revendications et de faire pression sur le gouvernement et sur le patronat pour trouver des solutions.

◆ À SAVOIR
• Les syndicats : la CGT, formée en 1895 et liée au Parti communiste, est le plus grand syndicat. La CFDT est devenue en 1992 le premier syndicat dirigé par une femme, Nicole Notat.
• Les jours fériés : *voir p. 150.*
• Les manifestations paysannes : ces manifestations sont organisées par les syndicats d'agriculteurs pour protester contre la politique agricole commune de l'Union européenne, qui leur garantit pourtant près de la moitié de leurs revenus.

— LES NOUVELLES FORMES DU TRAVAIL   p. 121

1. Les postes d'informaticien, de commercial et de technicien sont les métiers favorisés par la « nouvelle économie ». Les autres métiers appartiennent à la « vieille économie ». Les métiers d'ingénieur (avec son image de créateur et d'entrepreneur) et de médecin sont jugés prestigieux.

2. Parmi les métiers idéaux, paramédical, éducateur spécialisé, assistante sociale et expert comptable ne figurent pas sur la liste des métiers offrant plus de perspectives d'emplois. Sur la liste des métiers idéaux, les métiers qui ont une fonction sociale sont nombreux : professeur, paramédical, infirmière, éducateur spécialisé, assistante sociale, médecin. En plus de l'envie d'être utiles à la société, les jeunes se montrent réalistes en citant le métier de technicien qui nécessite moins d'études et où la sélection est moins forte.

3. Réponse individuelle.

4. Les nouvelles technologies de l'information et de la communication ont donné naissance à des métiers comme webmestre, informaticien, concepteur de cédérom, créateur de jeux interactifs, etc.

5. • Les idées à l'origine de ce slogan sont : le plein-emploi et l'élimination du chômage (« Travaillons tous ») ; la réduction de la durée du travail et davantage de temps libre (« Travaillons moins ») ; d'autres manières de travailler, comme une hiérarchie moins pesante, la participation de tous aux décisions, la flexibilité des horaires et l'adaptabilité aux circonstances (« Travaillons autrement »).
• Réponse individuelle.

◆ À SAVOIR
• La saisie de données : c'est l'activité qui consiste à taper des informations ou des textes sur l'ordinateur.
• Le télétravail : il s'agit du travail à domicile grâce à l'utilisation de l'ordinateur.
• La tendance écolo-branchée : c'est la tendance qui favorise les idées écologistes et tout ce qui est à la mode.

Chapitre ⑳   LES GRANDS COURANTS ARTISTIQUES

— LA RENAISSANCE   p. 123

1 La Renaissance italienne a précédé la Renaissance française qui commence pendant le règne de François Ier (1515-1547). Ce roi fait venir en France des artistes italiens qui introduisent un nouveau style d'architecture et de décoration (les châteaux de la Loire). Ce style devient plus pur quand, après 1550, les artistes s'inspirent de l'Antiquité (le Louvre).

2 Dans la vallée de la Loire (*voir p. 22*).

3 • **La doctrine humaniste** : cette doctrine rejette le monopole de l'Église sur la vie intellectuelle et culturelle. Comme les philosophes de l'Antiquité, les penseurs humanistes ont centré leur réflexion sur l'homme (plutôt que sur Dieu) et sur les textes anciens (plutôt que sur la Bible). Les humanistes croyaient en une culture universelle fondée sur le libre examen des textes anciens et libérée de la doctrine religieuse. • **La littérature de la Renaissance** : les poètes de la Renaissance ont remplacé le latin par le français pour exprimer avec lyrisme des émotions inspirées par la nature. Rabelais célèbre la nature et la vie. Montaigne dans ses *Essais* a élaboré sa philosophie humaniste à partir de sa propre expérience du monde et de ses souffrances personnelles. Pour les écrivains de la Renaissance, le bonheur résulte d'une vie menée en accord avec la nature.

4 Les humanistes ont entrepris l'étude critique des Écritures chrétiennes aussi bien que des textes anciens. Martin Luther (1483-1546) et Jean Calvin (1509-1564) ont été à l'origine de la Réforme. Ce mouvement religieux critique les abus de l'Église catholique et propose un retour aux sources bibliques. Il est devenu le protestantisme. En 1560 ont commencé entre les protestants et les catholiques les guerres de Religion, dont le massacre des protestants de Paris la nuit de la Saint-Barthélemy (24 août 1572) reste célèbre ; elles ont pris fin avec l'instauration de la tolérance religieuse par l'édit de Nantes (1598).

5 Pour **Rabelais**, manger et boire beaucoup sont indispensables à la vie. On entretient le même rapport avec le savoir, lui aussi indispensable. – Pour **Du Bellay**, la France est par excellence le pays de la vie culturelle et artistique, des combats et des lois. – **Ronsard** incite Cassandre à profiter de sa jeunesse car la vie, comme une rose, perd sa beauté avec l'âge. – **Montaigne** dit que l'affection que les gens expriment pour lui est un sentiment plus important que la crainte qu'il pourrait leur inspirer.

— LE CLASSICISME   p. 125

1 Au roi Louis XIV, monarque absolu. Il surveille le fonctionnement de la vie littéraire et artistique qui fait la gloire de son royaume.

2 Louis XIV a déclaré : « L'État, c'est moi ! » L'État a organisé et a réglementé les arts et la culture. Il a créé des Académies qui imposaient à la création culturelle et artistique des règles linguistiques, littéraires, picturales ou musicales.

3 Les contraintes imposées par les règles ont obligé les écrivains à éviter les excès dans des œuvres caractérisées par l'équilibre et l'harmonie. Les écrivains classiques ont cherché à exprimer des vérités universelles plutôt que des émotions individuelles.

4 La préciosité se caractérise par un raffinement extrême dans les sentiments, les manières, le langage et les créations littéraires. La préciosité est née vers 1650 dans le salon de la marquise de Rambouillet, où les invités devaient se comporter avec une galanterie raffinée.

5 C'est Louis XIV lui-même qui a dirigé la construction et la décoration du château de Versailles. La longue façade majestueuse que dominent les bassins d'eau et les grandes perspectives créées par le dessin géométrique du jardin symbolise la symétrie, l'équilibre et la grandeur du style classique. À l'intérieur, où la vie de la Cour est ordonnée selon une étiquette stricte établie par le roi, la richesse du décor, comme dans la galerie des Glaces, s'ajoute à la symétrie de l'architecture. À travers l'Europe, le château de Versailles représente l'apogée de l'art classique et la gloire du Roi Soleil.

6 Cette affirmation de **Descartes**, selon laquelle la capacité de penser est la preuve de l'existence, est à l'origine de la tradition rationaliste en France. – **Pascal**, qui croyait en Dieu, s'oppose au rationalisme de Descartes en donnant la priorité au cœur et à l'intuition. – Dans ses comédies, **Molière** se moque des défauts des hommes. Les remèdes pour les corriger ont des effets parfois plus dévastateurs que les défauts eux-mêmes. – Dans les tragédies de **Racine**, la passion amoureuse détruit la personne qui en est possédée. – Dans ses *Fables*, **La Fontaine** utilise des animaux pour illustrer la nature humaine et en tirer une vérité morale.

◆ **À SAVOIR**

Le siècle des Lumières : c'est le XVIIIᵉ siècle, le siècle des philosophes (Voltaire, Diderot et Rousseau).

— LE ROMANTISME p. 127

1 L'Allemagne et l'Angleterre.

2 Dans le domaine social, on rejette le matérialisme de la bourgeoisie. – Dans le domaine artistique, on rejette le classicisme, son admiration pour l'Antiquité et son rationalisme. – Dans le domaine géographique, on aime les voyages et les pays exotiques. – Dans le domaine individuel, on rejette le monde autour de soi pour se consacrer à ses rêves intérieurs.

3 Les écrivains romantiques écoutaient leur cœur et leurs émotions plutôt que la raison. La poésie s'adaptait mieux à l'expression passionnée de leur sensibilité personnelle et leurs réactions subjectives.

4 Stendhal (1783-1842), Honoré de Balzac (1799-1850) et Victor Hugo (1802-1855).

5 Le principe de liberté. Après avoir proclamé la liberté du moi et la liberté dans l'art, les romantiques ont proclamé la liberté politique. Certains poètes, comme Lamartine qui a participé au gouvernement de la IIᵉ République après la révolution de 1848, et surtout Victor Hugo, se sont donné pour mission de participer à la libération politique et sociale du peuple.

6 Les sentiments sont la source de la poésie. **Lamartine** dit qu'il est essentiel d'éprouver des passions afin de décrire le monde. – **Vigny** devine dans les souffrances humaines une beauté grave qui l'inspire. – Pour **Hugo**, le poète est un visionnaire : même dans un univers menaçant, il est capable d'annoncer un monde meilleur.

— LE SURRÉALISME, L'EXISTENTIALISME ET LE NOUVEAU ROMAN p. 129

1 • **Guerre de 1914-1918** : le surréalisme. • **Guerre de 1939-1945** : l'existentialisme.

2 Les surréalistes étaient surtout des poètes et des artistes qui se sont révoltés contre les valeurs bourgeoises, responsables selon eux de la catastrophe humaine de la Première Guerre mondiale. Comme force dominante de notre vie, ils ont rejeté la raison au profit de l'inconscient. Les surréalistes ont entrepris une aventure spirituelle destinée à transformer la vie et le monde. L'existentialisme est d'abord un mouvement philosophique élaboré par Jean-Paul Sartre. Selon lui, Dieu est mort ; par conséquent, c'est l'homme lui-même qui, par ses actions et ses engagements dans le monde, est responsable de son existence et de sa destinée : « L'homme n'est que ce qu'il se fait. »

3 Le Nouveau Roman rejette les conventions littéraires du roman classique : l'intrigue qui raconte, dans une forme traditionnelle, l'histoire de personnages dotés de cohérence psychologique. Le Nouveau Roman est anti-réaliste.

4 Le Nouveau Roman et le nouveau théâtre rejettent tous les deux les conventions classiques de leur genre. Dans le nouveau théâtre, appelé aussi le théâtre de l'absurde, les personnages et le langage sont incohérents. Dans les comédies de Ionesco, le langage n'a plus de vraisemblance logique. Dans les pièces de Beckett, les personnages attendent et restent seuls face à eux-mêmes.

5 Les surréalistes veulent se libérer de la pensée bourgeoisie par l'imagination et par l'exploration du subconscient et des rêves, qui révèlent notre psychologie profonde. C'est par la poésie et par l'écriture automatique qu'on peut s'échapper de la réalité conventionnelle créée par les mots quotidiens, et découvrir ainsi d'autres mondes où l'esprit est libre.

6 Ces citations affirment que l'homme évolue au cours de sa vie et que lui seul, par ses décisions, est responsable de cette évolution. Chaque jour présente un nouveau défi. Ce qui est une réussite aujourd'hui peut se transformer en échec plus tard. Dans cette perspective existentialiste, il est plus facile d'être courageux que d'être heureux.

Chapitre **21** LA CULTURE VIVANTE

— LA MUSIQUE   p. 131

1 Bien que 25 % des Français pratiquent un instrument de musique, la musique n'est pas une activité familiale comme chez les Allemands. La musique classique française est imaginative, divertissante et légère.

2 • **Au XVII⁰ siècle** : Jean-Baptiste Lulli (1632-1687). Il a composé des divertissements musicaux pour les comédies de Molière. • **Au XVIII⁰ siècle** : Jean-Philippe Rameau (1683-1764). • **Au XIX⁰ siècle** : Hector Berlioz (1803-1869). • **Au début du XX⁰ siècle** : Claude Debussy (1862-1918), Maurice Ravel (1875-1937). • **Dans la deuxième moitié du XX⁰ siècle** : Olivier Messiaen (1908-1992), Pierre Schaeffer (1910-1995), Pierre Boulez (1925).

3 Les œuvres orchestrales sont caractérisées par la couleur des tonalités, les timbres, les mélodies et une orchestration recherchée et spectaculaire.

4 • **Berlioz** : *Symphonie fantastique* (1830). • **Debussy** : *Prélude à l'après-midi d'un faune* (1894), *La Mer* (1905), *Jeux* (1912). • **Ravel** : *Ma mère l'Oye* (1908), *Boléro* (1928). • **Boulez** : *Le Marteau sans maître* (1958).

— LA CHANSON   p. 133

1 Réponse individuelle. Vous pourriez choisir soit un chanteur ou une chanteuse qui représente chaque tradition citée, soit des chanteurs contemporains dont vous connaissez les disques ou les vidéo-clips, et dire à quelle tradition ils se rattachent. Inventeurs du music-hall, les Français ont créé une tradition de « chanson à texte » (poétique, dramatique ou satirique) où les paroles ont plus d'importance que la musique. Édith Piaf, Charles Trenet, Charles Aznavour, Jacques Brel, Juliette Gréco et Barbara sont parmi les représentants les plus célèbres de cette tradition. Cette tradition est aujourd'hui reprise par les rappeurs (MC Solaar, IAM, etc.).

2 Ce sont les influences francophones (surtout africaines) et ethniques qui renouvellent la chanson française. Ces influences sont propagées par la jeunesse immigrée qui a développé le rap (illustré par MC Solaar) et les musiques noires. Devenu la capitale des musiques du monde (la « world music »), Paris est le lieu de rencontre entre traditions et inspirations occidentales, africaines, arabes et latines.

3 *Les Misérables* et *Notre-Dame de Paris* sont des spectacles musicaux très réussis adaptés des romans de Victor Hugo, le plus grand écrivain français du XIX⁰ siècle.

4 Réponse individuelle.

— LE CINÉMA   p. 135

1 Le cinéma est la principale activité culturelle des Français. Le nombre très élevé de salles de cinéma, souvent regroupées aujourd'hui dans des multiplexes, en témoigne. La production cinématographique française est la plus importante d'Europe. L'État soutient cette production par des aides financières importantes. En plus du célèbre Festival international de Cannes, il y a les festivals d'Annecy (film d'animation), de Deauville (cinéma américain) et de Cognac (film policier). Les derniers films français et étrangers sont un sujet fréquent de conversation chez les Français.

2 Auguste Lumière (1862-1954) et son frère Louis (1864-1948) sont les inventeurs du cinéma. Leur premier film a été *La Sortie des usines Lumière*. Trente-trois spectateurs ont assisté, en 1895 au Grand Café à Paris, à la première projection payante du cinéma. Deux films réalisés par les frères Lumière étaient au programme : *L'Arrivée du train en gare de La Ciotat* et *L'Arroseur arrosé*, premier film comique de l'histoire.

3 Le réalisme social et poétique des années 1930. – À la fin des années 1950 et au début des années 1960, la Nouvelle Vague a créé la notion de cinéma d'auteur, qui définit un film comme la création d'un réalisateur, à la différence des grandes productions d'Hollywood. – Après Mai 1968 (*voir p. 48*), le cinéma de préoccupations sociales et politiques. – Depuis les années 1980, le cinéma d'auteur intimiste et psychologique, aussi bien que des films comiques et des films de genre spectaculaires : suspense, policier, fantastique, action et aventure. – Au début des années 2000, la révolution numérique qui offre des possibilités inédites de production et d'effets spéciaux introduit une nouvelle époque pour le cinéma français.

4 Réponse individuelle.

5 Réponse individuelle.

6 • Le Festival international du film de Cannes, sur la Côte d'Azur, fête en 2002 son 55e anniversaire. Les films sélectionnés pour le Festival proviennent d'un grand nombre de pays et sont considérés comme les meilleurs et les plus originaux de l'année. Les prix attribués par le jury sont très réputés : Palme d'or pour le meilleur film, Prix spécial du jury, Prix d'interprétation féminine et masculine pour une actrice et un acteur, Prix de la mise en scène pour un réalisateur ou une réalisatrice.
• Réponse individuelle.
Pour plus d'informations, consultez le site www.festival-cannes.fr

— LE FRANÇAIS QUI BOUGE p. 137

1 L'Académie française. Notons que le premier Noir membre de l'Académie française a été en 1984 l'écrivain sénégalais Léopold Sedar Senghor (*voir p. 78*).

2 L'Académie française a pour tâche de rédiger un dictionnaire du bon usage des mots. On y indique les niveaux de langue et les emplois jugés incorrects. C'est un portrait de la langue littéraire traditionnelle, très en retard par rapport à la langue parlée actuelle qui évolue rapidement.

3 Dans la langue parlée, on utilise des mots et expressions qui font partie de l'air du temps. Mais cette langue parlée évolue vite et beaucoup de ces mots et expressions disparaissent rapidement. Les dictionnaires ne présentent que le vocabulaire qui dure. D'ailleurs, la fabrication d'un dictionnaire est longue et ne peut pas tenir compte de l'évolution rapide du jargon de l'actualité. L'édition annuelle du *Petit Larousse* enregistre le plus grand nombre de nouveaux mots, ce qui n'empêchera pas certains d'entre eux de disparaître les années suivantes.

4 Les langues d'origine et l'argot des jeunes immigrés qui habitent les cités (grands ensembles d'appartements dans les villes et leur banlieue), les émissions télévisées, les publicités, les bandes dessinées et le vocabulaire « high-tech » en anglais sont à la source des nouveaux mots de la langue parlée.

5 Les articles et le courrier des lecteurs dans la presse écrite. – Les émissions et les jeux à la radio et à la télévision, qui ont souvent comme sujet le vocabulaire et la correction grammaticale du français. – Les débats relatifs à l'introduction de mots nouveaux dans les dictionnaires. – La dictée de Bernard Pivot appelée *Les Dicos d'or* (dictionnaires d'or) qui fête son 15e anniversaire en 2002 (*voir photo p. 136*). C'est une épreuve d'orthographe très difficile car le texte de la dictée contient beaucoup de pièges de vocabulaire et de grammaire.

6 Réponses diverses selon les pays. Voir, question 4, les sources possibles pour les « mots de la rue ».

7 Réponses diverses selon les pays. Les Français s'opposent à l'influence excessive de la langue anglaise sur leur langue. Ils appellent « franglais » le mélange d'anglais et de français.

— LES MÉDIAS   p. 139

1 Radio France réunit les radios nationales (France Inter, France Culture, France Musique et France-Info) financées par l'État. Les autres stations de radio sont des sociétés privées financées par la publicité.

2 Les radios privées les plus anciennes (RTL, Europe1 et Radio Monte-Carlo) sont des stations généralistes qui diffusent sur toute la France. La plupart des radios plus récentes sont thématiques et diffusent en général de la musique. D'autres sont des radios locales qui diffusent pour une communauté ou pour un public particulier, par exemple les jeunes.

3 Les chaînes de télévision France 2 et France 3 sont financées par l'État. Les chaînes TF1 et M6 sont privées et financées par la publicité. Canal + est une chaîne cryptée payante.

4 Avant la télévision par satellite et par câble, le choix des téléspectateurs était limité aux six chaînes françaises. Aujourd'hui, les Français peuvent s'abonner à plus de 150 chaînes de télévision par satellite et par câble, dont la plupart sont thématiques.

5 Les journaux nationaux et les journaux régionaux.

6 *L'Équipe* est un journal consacré au sport. Le sport est une activité qui attire de plus en plus de Français.

7 Les Français âgés de 15 ans et plus regardent la télévision trois heures et dix-neuf minutes par jour en moyenne. C'est pourquoi les magazines de télévision occupent la première place dans la vente de la presse hebdomadaire.

Chapitre ㉒ LES PRATIQUES CULTURELLES

— LES SPORTS   p. 141

1 80 % des Français, dont 35 % de femmes, disent faire du sport pour conserver leur corps en bon état. Pour rester en bonne forme physique, soit on fait de la gymnastique, de l'aérobic, de la danse, du jogging et de la randonnée, soit on pratique un sport individuel ou collectif.

2 Parmi les sports individuels figurent le cyclotourisme, la natation, le ski, l'escalade, la planche à voile, le surf, la plongée sous-marine, le golf et l'équitation.

3 Le football, le tennis, le judo (le judoka David Douillet a été la personnalité préférée des Français en 2001), le basket, le rugby (pratiqué dans le sud-ouest de la France), le ski et le handball (l'équipe de France a été championne du monde en 2001).

4 Le goût de la vitesse, la violence urbaine, la recherche d'activités extérieures et l'individualisme.

5 Le baron Pierre de Coubertin (1863-1937) a lancé en 1892 l'idée du rétablissement des Jeux olympiques. Les Jeux de la première Olympiade moderne ont eu lieu en 1896.

6 Le Tour de France.

7 Bon nombre des footballeurs de l'équipe de France victorieuse sont d'origine maghrébine ou africaine. La diversité black-blanc-beur de l'équipe nationale a révélé au grand public une France multiculturelle. La victoire a donné à la population originaire d'Afrique une fierté et une reconnaissance officielle à une époque où elle était vivement attaquée par l'extrême droite. Sur un plan plus général, l'image de la France qui gagne une compétition mondiale a redonné confiance aux Français découragés par la crise économique.

◆ À SAVOIR

• Le Tour de France : fondée en 1903, cette course cycliste sur route est la plus célèbre du monde. Chaque année en juillet, des milliers de spectateurs se rangent le long des routes pour voir passer les coureurs du Tour de France sur leur vélo. Le soir, un vaste public français et étranger les regarde à la télévision. L'itinéraire du Tour trace une grande boucle en France avec de petits détours dans les pays voisins. En

2000, le trajet du 87ᵉ Tour, long de 3 630 km, comportait 21 étapes. Le vainqueur de chaque étape porte le maillot jaune. La dernière étape se termine toujours sur les Champs-Élysées à Paris. Quatre cyclistes ont gagné cinq fois le Tour : deux Français, Jacques Anquetil et Bernard Hinault, le Belge Eddy Merckx et l'Espagnol Miguel Indurain. L'Américain Lance Armstrong a gagné le Tour trois fois de suite en 1999, 2000 et 2001.

• Zinedine Zidane (« Zizou ») : fils d'un ouvrier immigré d'Algérie, Zidane a grandi dans la banlieue de Marseille. Il a marqué deux des trois buts de la victoire de l'équipe de France de football dans la Coupe du monde en 1998. Zidane a été sacré joueur de l'année 2000 par la Fédération internationale de football (FIFA) *(voir photo p. 140)*. Il a gagné la Ligue des champions avec le Real de Madrid, ce qui lui a valu le surnom de « El Zid » (cf. Le Cid).

• VTT : vélo tout-terrain.

— LES LOISIRS   p. 143

1 Depuis 1982, tous les salariés français, en plus de dix jours fériés au cours de l'année, ont droit à cinq semaines de congés payés par an. Depuis 1998, la semaine de travail de 35 heures a été introduite, ce qui donne aux Français plus de temps libre.

2 Les médias, la télévision, les cassettes vidéo, les disques compacts, les cédéroms, la radio, la presse et Internet fournissent des loisirs à la maison.

3 L'équipement culturel d'une ville permet aux habitants d'améliorer leur qualité de vie. Les bibliothèques, les écoles de musique et de danse, les salles de spectacle et les centres culturels mettent à la disposition de tous les habitants, quel que soit leur revenu, des activités culturelles diversifiées.

4 La lecture – les activités audiovisuelles – les abonnements à la télévision par satellite et par câble – les spectacles – le cinéma – la photographie – les expositions et l'achat de vieux objets dans les foires à la brocante.

5 Aller au cinéma – visiter un musée ou un monument – voir une exposition – assister à un spectacle amateur – aller au théâtre, au cirque ou dans un parc d'attractions – assister à un concert de rock, de jazz ou de musique classique.

— LES VACANCES   p. 145

1 Juillet et août. Dans la presse, on appelle les vacanciers de juillet « juillettistes » et les vacanciers d'août « aoûtiens ».

2 Ils préfèrent passer leurs vacances en France plutôt qu'à l'étranger. Ils vont à la mer plutôt qu'à la campagne et de préférence sur la côte méditerranéenne plutôt que sur la côte atlantique.

3 Aller à la plage et se baigner – faire du surf, de la planche à voile, de la plongée sous-marine, de la voile – faire des excursions à pied à la campagne ou en montagne – faire des promenades touristiques pour visiter des monuments ou des sites naturels.

4 Faire du ski – pratiquer des sports de neige – faire un séjour à la montagne.

5 Ils préfèrent d'abord des vacances en Europe : en Espagne, en Grande-Bretagne, en Italie et en Allemagne. À l'extérieur de l'Europe, ils vont en Afrique du Nord, aux États-Unis, en Asie du Sud-Est (la Thaïlande, l'Indonésie) ou dans les pays francophones (les Antilles, l'île Maurice).

6 Les sports d'aventure comme le parapente, le rafting, l'escalade et le VTT (vélo tout-terrain) – les sports de glisse (roller-skating, skateboard, snowboard, jet-ski) – le tourisme industriel – le tourisme vert (écologique).

7 Réponse individuelle.

◆ À SAVOIR

• Les parcs à thèmes : le parc Astérix, au nord de Paris en Picardie, a accueilli 1 710 000 visiteurs en 2000 ; Disneyland, à 30 km à l'est de Paris, est le lieu le plus visité de France et d'Europe, avec 12 millions de visiteurs en 2000 ; le Futuroscope, à Poitiers, a reçu 2 800 000 visiteurs en 2000.

• Le tourisme industriel : on peut citer l'usine marémotrice de l'estuaire de la Rance, fleuve de Bretagne qui se jette dans la Manche ; la fabrication du fromage bleu à Roquefort dans la région Midi-Pyrénées ; les sources de l'eau minérale Perrier à Vergèze dans la région Languedoc-Roussillon ; la centrale nucléaire de Chinon dans la vallée de la Loire.

— LES ACTIVITÉS ARTISTIQUES   p. 147

1 Faire de la musique – faire du théâtre et de la danse – participer à des ateliers d'écriture – faire de la peinture, de la sculpture ou de la gravure.

2 Faire de la musique ou chanter.

3 Faire de la sculpture, de la peinture, de la gravure – faire de la danse – tenir un journal – faire de la poterie, de la reliure ou de la céramique.

4 À la campagne et surtout en Bretagne.

5 La fête de la Musique (le 21 juin).

6 Réponses diverses selon les pays.

7 Réponses diverses selon les pays.

REPÈRES QUOTIDIENS

Chapitre ㉓ AU JOUR LE JOUR

— LE CALENDRIER   p. 149

1 • L'hiver • l'été • le printemps • l'automne • l'hiver.

2 • Septembre • novembre • décembre • février • avril • juin.

3 • En janvier, le premier mois de la nouvelle année. • Pendant le congé de Pâques et le dimanche de Pâques (en avril). • Principalement au début des vacances d'été, et généralement quand les gens partent en vacances.

4 En avril : il peut encore faire froid, aussi on ne doit pas porter de vêtements légers ; on peut le faire en mai. – Une hirondelle : on ne peut rien conclure d'un seul cas.

5 Réponse individuelle.

◆ À SAVOIR

• Les impôts : la somme d'argent payable à l'État chaque année comme impôt sur le revenu peut être divisée en trois et versée par tiers (février, juin et septembre).

• Le baccalauréat (bac) : tous les candidats passent l'épreuve de philosophie. Voici les sujets de cette épreuve en 2001 :
– La question « Qui suis-je ? » admet-elle une réponse exacte ?
– Tout pouvoir s'accompagne-t-il de violence ?
– La liberté se définit-elle comme un pouvoir de refuser ?

— À CHACUN SON TEMPS   p. 151

1 • Les jours de congé d'origine religieuse : Pâques (le 15 avril) – l'Ascension (le 24 mai) – la Pentecôte (le 3 juin) – l'Assomption (le 15 août) – la Toussaint (le 1ᵉʳ novembre) – Noël (le 25

décembre). • Les jours de congé d'origine républicaine ou civile : le Nouvel An (le 1er janvier) – la fête du Travail (le 1er mai) – l'Armistice de 1945 (le 8 mai) – la Fête nationale (le 14 juillet) – l'Armistice de 1918 (le 11 novembre).

2 Ils révèlent l'importance des traditions de l'Église catholique dans l'histoire de France, malgré la loi de séparation de l'Église et de l'État en 1905. Depuis cette date, la France est un État laïc.

3 C'est l'immigration qui a modifié le calendrier religieux en France. En raison de l'immigration massive de musulmans d'origine nord-africaine, l'islam est devenu la deuxième religion en France. La communauté juive en France est l'une des plus importantes d'Europe. La forte immigration d'origine asiatique a entraîné la montée du bouddhisme. Les fêtes de ces religions sont respectées aujourd'hui en France, mais elles ne sont pas fériées comme les fêtes catholiques.

4 La Fête nationale du 14 juillet. Elle célèbre la Révolution de 1789 et les valeurs démocratiques de la République qui a comme devise « Liberté, Égalité, Fraternité ».

5 • Le sapin est l'arbre de Noël traditionnel. • Les soldats morts pour la France au cours de la Première et la Seconde Guerre mondiale sont fêtés le 11 novembre et le 8 mai, qui sont des jours de congé. • Le réveillon de Noël a lieu le soir du 24 décembre. C'est une fête familiale. Le réveillon de la Saint-Sylvestre a lieu le soir du 31 décembre : il fête l'arrivée de la nouvelle année. • Cette fleur blanche est en vente publique le 1er mai, jour de la fête du Travail. Offrir du muguet à quelqu'un, c'est lui souhaiter du bonheur. • À la Toussaint, on visite les cimetières et on place des fleurs sur les tombes de la famille. • Le 14 juillet, jour de la Fête nationale. • On offre des œufs en chocolat à Pâques. On organise aussi la chasse aux œufs de Pâques pour les enfants : le dimanche de Pâques, on cache dans le jardin des œufs que les enfants doivent retrouver.

6 Réponses diverses selon les pays. Dressez la liste des jours de congé dans votre pays et dites quelle est l'origine de chaque congé. Comparez cette liste avec la réponse 1.

7 Réponse individuelle.

◆ **À SAVOIR**

Les congés de mai : si le congé tombe un jeudi ou un mardi, beaucoup de Français prennent un congé supplémentaire le vendredi ou le lundi pour « faire le pont ». Ils profitent ainsi d'un week-end prolongé. Nombreux sont les jours de congé en mai, qui peut devenir ainsi le mois des longs week-ends.

— UNE JOURNÉE ORDINAIRE   p. 153

1 Chez soi, on consacre une heure au lever, à la toilette et au petit déjeuner. Si on déjeune chez soi, on passe une heure pour déjeuner entre midi et 14 h. Le soir, on dîne en regardant le journal télévisé. On peut continuer à regarder la télévision jusqu'au coucher entre 22 h 30 et 23 h. – À l'école, les classes vont de 8 h 30 à 11h 30 ou 12 h, et de 13 h 30 / 14 h à 16 h 30 / 17 h. Au lycée, les cours commencent une demi-heure plus tôt, à 8 h. La plupart des élèves déjeunent à la cantine de l'école ou du lycée. Les plus jeunes prennent le goûter vers 17 h quand ils rentrent chez eux. – Au travail : voir réponse 2, ci-dessous. – Le temps des loisirs commence le soir à 20 h avec le dîner et le journal télévisé. Il se termine avec le coucher entre 22 h 30 et 23 h.

2 La journée de travail d'un ouvrier commence à 8 h, celle d'un(e) employé(e) de bureau entre 8 h 30 et 9 h, et celle d'un(e) employé(e) d'hypermarché entre 8 h 30 et 9 h 30. Ils s'arrêtent tous pour déjeuner pendant une heure entre midi et 14 h. Les employés quittent leur bureau entre 17 h et 18 h 30. Dans les hypermarchés, on travaille jusqu'à 20 h ou 22 h.

3 Les habitants de province se lèvent et se couchent plus tôt que les Parisiens et les habitants de banlieue.

4 Cette boutique est ouverte le matin de 7 h à 13 h et l'après-midi de 15 h 05 à 20 h. Elle ferme pendant deux heures pour le déjeuner et à 20 h pour le journal télévisé et le dîner. Elle est fermée le samedi après-midi et toute la journée le dimanche (cette boutique se trouve dans un village ; mais, en général, les magasins sont ouverts le samedi toute la journée).

5 Réponse individuelle. Les Français sont réputés pour leur joie de vivre et aiment s'amuser en faisant la fête. On souhaite à des gens qui vont à une fête « Joyeuse fête ! ».

6 Réponse individuelle.

Chapitre ㉔ CHEZ SOI

— COLLECTIF OU INDIVIDUEL   p. 155

1 **a)** Rien – **b)** 3. 4. 6. – **c)** 5. – **d)** 1. 2. 3. 4.

2 • **L'adresse** : **1.** le 6ᵉ arrondissement de Paris *(pour les arrondissements, voir p. 37)* – **2.** le 10ᵉ arrondissement – **3.** le 11ᵉ arrondissement – **4.** dans le département des Yvelines *(voir p. 21)* – **5.** dans
le département de Seine-Saint-Denis – **6.** dans le 4ᵉ arrondissement. • La qualité : beau, standing,
parfait état. • Le nombre de pièces et la superficie : **2.** grand, 4 pièces, 110 m². • La présence ou
non de meubles. • L'étage : **2.** 3ᵉ étage avec ascenseur. • La présence ou non d'une cave. • Le prix
du loyer ou le prix d'achat. – Si les charges (les frais d'entretien) sont en plus du loyer. • Réponses
diverses selon les pays.

Les abréviations : asc = ascenseur ; ch = charges ; ch comp = charges comprises ; chbres = cham-
bres ; € = euros ; ét. = étage ; fg = faubourg ; gd = grand ; imm. = immeuble : jard. = jardin ;
p = pièces ; pav. = pavillon (grande maison) ; possib = possible ; r. = rue ; stand. = standing (confortable).

Le vocabulaire : bains = salle de bains ; libre = inoccupé ; refait neuf = entièrement rénové ; studio
= appartement formé d'une seule pièce principale.

3 La très grande majorité des Parisiens habite des appartements. Il y a des appartements élégants qui
ont gardé leur décoration ancienne (**1.** « parquet, moulures, cheminée »), des appartements rénovés
dans des immeubles anciens (**2.** « refait neuf ») et des appartements dans des immeubles modernes de standing ou de grand standing (= luxe). Dans les immeubles anciens, chaque appartement a
au sous-sol une cave (construite à l'origine pour conserver au frais les bouteilles de vin). Les immeubles modernes ont un parking souterrain. Dans la proche banlieue, il y avait beaucoup de maisons
individuelles appelées « pavillons ». Beaucoup d'entre elles sont remplacées aujourd'hui par des
immeubles.

4 Réponse individuelle. Angers : Pays de la Loire. – Caen : Basse-Normandie. – Grenoble : Rhône-
Alpes. – Limoges : Limousin. – Rennes : Bretagne. – Strasbourg : Alsace.

5 Réponse individuelle. Quand une personne, un couple ou une famille loue un appartement ou une
maison, il s'agit d'une location. Quand plusieurs amis louent ensemble un appartement ou une maison, c'est une colocation.

— L'ESPACE DE LA MAISON   p.157

1 Réponse individuelle. Les critères d'évaluation d'un appartement sont :
– La situation géographique : centre-ville ; zone périphérique résidentielle ; banlieue ; province. – La
taille du logement : studio (une seule pièce avec cuisine intégrée) ; une pièce (une pièce et une cuisine séparée) ; deux pièces (une chambre et un salon). – Le type de construction : ancien ; récent. –
L'étage : rez-de-chaussée sur rue ou sur cour ; premier étage ; dernier étage avec ou sans ascenseur.
– Le confort : balcon, terrasse, jardin privé ; placards ; chauffage central ; cuisine équipée ; WC sépa-
rés ; décoration. – L'environnement : quartier historique ; vue exceptionnelle ; métro, bus à proximité ; fenêtres sur rue bruyante. – L'équipement collectif : parking ; gardien(ne)/concierge ou interpho-
ne/digicode (quand il n'y a pas de gardien(ne), il faut connaître le code à taper sur le digicode pour
ouvrir la porte d'entrée de l'immeuble).

2 **1.** Il faut prévoir un gros travail de rénovation pour rendre l'appartement confortable. – **2.** La disposition des pièces est attrayante et l'ambiance agréable. – **3.** Les pièces sont grandes et l'appartement spacieux. – **4.** Il y a beaucoup de lumière naturelle. L'appartement n'est pas sombre. – **5.** Bien
que l'appartement soit situé près de l'école et des magasins, il n'est pas bruyant.

Tout le monde n'est pas content de son logement. Les Français de moins de 30 ans ont relevé les inconvénients suivants : voisins bruyants (23 %); pollution (21 %); vue sans charme (20 %); manque de lumière (19 %); mauvaises odeurs (9 %).

3 Jusqu'à une époque récente, les Français préféraient louer plutôt qu'acheter leur logement. Aujourd'hui, 54 % des Français sont propriétaires de leur logement. C'est l'incertitude concernant l'avenir (la France a été envahie et occupée pendant les deux guerres mondiales du XXe siècle) qui pourrait expliquer que les Français préféraient garder leurs économies en argent liquide ou en or (soit à la banque, soit cachées dans un bas de laine à la maison) plutôt que les placer dans l'achat d'un logement. La motivation des épargnants a changé aujourd'hui.

— LES ÉQUIPEMENTS   p.159

1 Réponse individuelle.

2 Quelle importance les gens attachent-ils au confort et à la décoration de leur logement dans votre pays? Le pourcentage du budget de la famille dépensé pour les achats de meubles et d'équipement, ainsi que pour la décoration, est-il en train d'augmenter dans votre pays?

3 Plus de 95 % des ménages possèdent un réfrigérateur, au moins un poste de télévision et un lave-linge. Moins de 52 % des ménages possèdent un congélateur et un lave-vaisselle. Parmi les petits appareils ménagers, presque tous les ménages possèdent un fer à repasser et un aspirateur. Ensuite, ce sont le sèche-cheveux et la cafetière électrique qui sont les plus présents. Presque tous les ménages disposent d'équipements électroménagers pour les tâches domestiques les plus fréquentes et les plus lourdes : laver et repasser le linge, nettoyer la maison. La télévision étant le principal loisir à la maison, le téléviseur est présent partout.

4 Les adjectifs sont « léger » (tables pliantes), « fonctionnel » (table qui sert pour les repas mais aussi comme bureau) et « mobile » (meubles sur roulettes, lampes baladeuses). La vie actuelle est beaucoup moins stable et on change de mobilier plus souvent. C'est pourquoi le mobilier contemporain connaît beaucoup plus de succès que le mobilier traditionnel. Le contemporain a représenté 62 % des ventes de mobilier en 1998 contre seulement 12 % en 1985.

5 Comme pour le mobilier, en matière de décoration, les couleurs, les matières et les formes contemporaines jouissent d'un grand succès. L'autre tendance est de mélanger les styles pour personnaliser son logement, et d'utiliser des objets et des styles ethniques. Ces influences ethniques dans la décoration peuvent rappeler des voyages en même temps qu'elles créent une ambiance d'exotisme et d'originalité.

6 Réponse individuelle.
Au marché aux puces, on vend des choses anciennes et des objets d'occasion de toutes sortes. On vend aussi des objets anciens dans les foires à la brocante *(voir p. 142)*.

Chapitre **㉕** À TABLE

— HABITUDES   p.161

1 • **Nombre de repas** : le déjeuner et le dîner continuent d'être les deux repas du jour, mais on y passe moins de temps. Pour les Français, le petit déjeuner n'est pas un repas. • **Lieux des repas** : dans les grandes villes, les Français déjeunent peu souvent à la maison mais ils y dînent. Ils déjeunent à la cantine de l'entreprise, dans un restaurant rapide ou dans un restaurant traditionnel. Dans les petites villes et à la campagne, les Français déjeunent en général à la maison et ils y dînent aussi. • **Contenu des repas** : on mange selon sa faim et moins copieusement qu'autrefois. Par exemple, pour le déjeuner, on peut décider de manger un sandwich acheté dans une baguetterie ou une sandwicherie, ou, dans un restaurant, manger seulement un plat du jour plutôt que le déjeuner traditionnel.

2 Traditionnellement, le déjeuner et le dîner étaient composés d'au moins trois plats (hors-d'œuvre, plat principal, fromage ou dessert). Aujourd'hui, le dîner reste un repas assez copieux mais le déjeuner s'est beaucoup modifié sous l'influence des fast-foods. Ceux-ci proposent une alimentation diversifiée (hamburgers, plats cuisinés, sandwiches, viennoiseries, etc.) et permettent à chaque personne de manger ce dont elle a envie quand elle le veut. Ce comportement individualisé se manifeste aussi dans le choix de ce qu'on mange dans les brasseries et les petits restaurants : on peut se limiter au plat du jour, ou l'accompagner d'un hors-d'œuvre, d'un fromage, d'un fruit ou d'un dessert. Les différentes formes de déjeuner se terminent en général par un café.

3 • De plus en plus, la jeune génération dîne simplement et boit moins d'alcool. On notera l'ambiance décontractée du dîner, devant la télévision allumée pour les informations de 20 heures. Il n'y a pas de nappe sur la table mais il y a du pain, élément indispensable du dîner des Français. On boit du jus de fruit et, comme dessert, on mangera des fruits. • Réponse individuelle.

4 Réponse individuelle.

5 Réponse individuelle. La restauration rapide (les fast-foods) fait aujourd'hui partie des habitudes alimentaires des Français, mais moins que dans les pays anglo-saxons. Les chaînes françaises de fast-foods se sont adaptées au goût français. Avant, les repas étaient surtout un temps de convivialité et de détente. On prenait son temps et on restait à table pour discuter. Les fast-foods ont modifié ce rituel traditionnel.

◆ **À SAVOIR**

Croissanterie, viennoiserie : sur le modèle de « boulangerie » et de « pâtisserie », les nouveaux magasins de nourriture à emporter ajoutent à leur nom le suffixe « - erie » (comme « croissanterie »). La viennoiserie est l'ensemble des produits de boulangerie qui ne sont pas du pain, par exemple les croissants, les pains aux raisons, les brioches, etc.

— TENDANCES   p. 163

1 Quand les jeunes habitent encore chez leurs parents, la famille se réunit tous les soirs pour dîner et parler ensemble. Le déjeuner du dimanche réunit souvent différentes générations de la grande famille (grands-parents, oncles, tantes, cousins, etc.). À l'occasion d'un anniversaire, d'un mariage et d'autres fêtes, un grand repas traditionnel réunit la grande famille. En dehors de la famille, les gens se réunissent avec leurs amis pour des repas décontractés et conviviaux.

2 Les jeunes de moins de 29 ans préfèrent les plats simples et rapides (le steak-frites, le hamburger) et les plats d'origine étrangère qui sont devenus très populaires (spaghettis, pizza, couscous d'Afrique du Nord). Ils aiment le chocolat, comme la génération précédente qui, elle, préfère les plats régionaux (le cassoulet du Sud-Ouest, la choucroute alsacienne) et les produits de la mer. La génération des 40-49 ans préfère la riche cuisine bourgeoise traditionnelle (viandes en sauce, canard, gâteaux à la crème) aussi bien que le foie gras et les fromages. Au-delà de 50 ans, les gens font plus attention à leur santé. Ils préfèrent les légumes et les fruits, mais ils aiment aussi les plats traditionnels comme le rôti (viande) et le pot-au-feu.

3 Les Français ont découvert les cuisines étrangères grâce au tourisme et grâce aux immigrés (d'abord européens, ensuite africains, plus récemment asiatiques). Certains des pays dont la cuisine est aujourd'hui populaire étaient d'anciennes colonies françaises et sont maintenant membres de l'Organisation des pays ayant le français en partage *(voir p. 80)*.

4 Les Français sont fiers de leurs traditions agricoles, ainsi que des succès de leurs exportations agricoles et de leur industrie agroalimentaire *(voir p. 88 et 90)*. Cependant, les scandales du veau aux hormones, du poulet à la dioxine et de la vache folle ont suscité chez les Français une grande méfiance envers l'agriculture productiviste et la nourriture riche en produits chimiques et modifiés génétiquement. Les défenseurs d'une alimentation saine voudraient interdire les OGM (organismes génétiquement modifiés). Cette méfiance explique le succès des produits « bio » et le désir des consommateurs de connaître l'origine et la qualité de ce qu'ils mangent. Ces tendances contradictoires illustrent une caractéristique du comportement des Français : ils aiment les conflits idéologiques qui les divisent. En somme, les Français veulent tout et le contraire.

5 Réponses diverses selon les pays.

— CONFLITS   p. 165

1 Si je veux manger du poisson, je vais en Bretagne ou dans le Midi pour la bouillabaisse. – Si je veux manger du foie gras et du canard, je vais dans le Sud-Ouest. – Si je veux manger des légumes, je vais dans le Midi pour la ratatouille (tomates, courgettes, aubergines, poivrons et oignons cuits dans de l'huile d'olive) et la salade niçoise. – Si je veux manger du fromage chauffé et fondu dans du vin blanc, je vais dans les Alpes. – Si je veux manger du bœuf bourguignon, ou des escargots bourguignons, je vais en Bourgogne, dans le Centre-Est. – Si je veux manger de la choucroute accompagnée d'un verre de bière, je vais en Alsace. – Si je veux manger des crêpes accompagnées d'un verre de cidre, je vais en Bretagne.

2 Réponse individuelle. Par exemple, on pourrait préparer un repas thématique avec des plats du Midi. Comme hors d'œuvre : la salade niçoise ; comme plat principal : la bouillabaisse ; comme fromage : du roquefort ; comme dessert : une salade de fruits. Après le repas, on pourrait servir des confiseries : des calissons d'Aix-en-Provence ou du nougat de Montélimar *(voir p. 32)*.

3 • **Nord/Sud** : la cuisine au beurre/la cuisine à l'huile. • **Nouvelle cuisine/cuisine traditionnelle** : les cuissons rapides et les sauces courtes/les cuissons lentes et les sauces riches. • **Cru/cuit** : les légumes et les fruits crus au Sud/les légumes et les fruits cuits au Nord. • **Sucré/salé** : séparer le sucré et le salé/mélanger le sucré et le salé (comme dans le canard aux cerises). • **Vin blanc/vin rouge** : selon la tradition, servir le vin blanc avec le poisson et le vin rouge avec la viande et le fromage/servir le vin rouge avec le poisson et le vin blanc avec le fromage.

4 De même que la gastronomie française, les grands vins de Bourgogne, de Bordeaux, du Beaujolais et les vins blancs d'Alsace sont célèbres dans le monde entier. Ils contribuent à l'image de la France comme le pays du bien vivre, au style de vie raffiné. La réputation du champagne ajoute à cette image de prestige.

5 « Bouffer » en français familier veut dire « manger ». • **La « mal bouffe »** : c'est la nourriture fabriquée en série et servie dans les fast-foods. Pour José Bové, les multinationales américaines comme McDonald's et ses hamburgers sont à l'origine de la « mal bouffe ». • **La « bonne bouffe »** : il s'agit de la nourriture qui a un goût savoureux et des plats préparés avec des produits authentiques du terroir, selon les traditions de la cuisine française.

◆ **À SAVOIR**
• La potion magique d'Astérix : Astérix *(voir p. 14)* fait fabriquer pour ses soldats une boisson qui assure leur victoire contre les Romains.
• José Bové : *voir p. 90.*

Chapitre ㉖ CONSOMMER

— L'ARGENT   p. 167

1 – **1.** Au bonheur. – **2.** À l'amour (« on ne compte pas » = on dépense son argent librement). – **3.** À la morale (ce qui compte, c'est d'avoir de l'argent, quelle que soit son origine). – **4.** À la possession. – **5.** Aux contraintes (de la même façon qu'on perd une femme si on la délaisse, on perd sa fortune si on ne s'en préoccupe pas). – **6.** Au pouvoir (l'argent peut être utile s'il ne devient pas une obsession).
L'argent a ici une image négative. Les sentiments sont plus importants que l'argent, dont la possession ne suffit pas à rendre heureux. D'ailleurs, l'argent peut rendre les gens malheureux quand il les domine. L'argent tend des pièges psychologiques et moraux.

2 *Le Point* est un news-magazine hebdomadaire destiné au grand public. *L'Expansion* est un magazine financier. Les titres de couverture concernent les gens qui ont des revenus supérieurs. Il y a de fortes inégalités en France entre le petit pourcentage de gens riches (10 % des Français détiennent 50 % du patrimoine financier du pays) et le très grand pourcentage de salariés, dont 11 % touchent le salaire minimum (le SMIC). Jusqu'aux années 1980, ce que gagnaient les patrons (= les dirigeants) était caché au grand public. Aujourd'hui, cette information est divulguée par les médias et la comparaison des revenus peut provoquer un sentiment d'injustice. Notons au fil des titres les mots « vrais » et « révélations » qui indiquent que les revenus des riches relèvent encore du secret, bien que ce ne soit plus un sujet tabou.

3 Certains commerçants ont la possibilité de s'enrichir plus que d'autres. Les commerces de produits d'hygiène et de beauté, de culture et de loisirs, ainsi que les commerces liés à la santé (comme les pharmacies), rapportent le plus. Notons que la Française la plus riche est l'héritière de L'Oréal, une des deux plus grandes sociétés de cosmétiques et de produits de beauté au monde. Parmi les commerces de services, les hôtels, cafés et restaurants, les transports routiers et la réparation de voitures rapportent beaucoup plus que le bâtiment et les taxis. Les commerces d'alimentation sont parmi ceux qui rapportent le moins, sans doute parce que c'est un secteur où le grand public est très sensible aux augmentations de prix.

4 • L'impôt sur le revenu oblige les Français à verser presque la moitié de leurs revenus à l'État. Cependant, la moitié des Français, en raison de leurs bas salaires, ne paie pas d'impôt sur le revenu. Tout le monde, par contre, paie des impôts indirects dont le plus lourd est la TVA. C'est ainsi que, en plus de l'impôt sur le revenu, les Français versent directement à l'État presque 20 % sur tout ce qu'ils consomment (l'un des pourcentages les plus élevés en Europe). La France se distingue donc par le taux élevé de prélèvements sociaux et d'impôts indirects. Cela s'explique par le fait que l'État joue un rôle très important de redistribution sociale. • Réponses diverses selon les pays.

5 Les générations les plus âgées se sont enrichies au cours de leur vie, parce qu'elles ont profité, après la Seconde Guerre mondiale, de la plus longue période d'expansion économique (1945-1975). Par contre, le pourcentage élevé de chômage chez les jeunes signifie que les jeunes commencent à travailler plus tard et qu'un plus grand nombre d'étudiants poursuivent leurs études plus longtemps. Par conséquent, les générations les plus âgées doivent apporter une aide financière indispensable aux jeunes générations.

— DÉPENSER   p.169

1 Le logement – l'automobile et les transports – l'alimentation – les loisirs et la culture – l'habillement – la santé. L'augmentation du pouvoir d'achat permet aux Français, après avoir satisfait les besoins primaires (alimentation, habillement, logement), de dépenser davantage dans des secteurs qui reflètent l'évolution des modes de vie comme les transports (achat d'un nouveau modèle de voiture), les loisirs et la santé. Notons que, sans les remboursements de la Sécurité sociale, les dépenses de santé seraient supérieures.

2 Réponse individuelle.

3 Les Français sont devenus de plus en plus attentifs au rapport qualité/prix. À côté des hypermarchés qui font des promotions à des prix compétitifs, les lieux de vente proposant des prix réduits sont de plus en plus fréquentés. Certains de ces lieux vendent des articles neufs (maxidiscounters et magasins d'usine), d'autres vendent des objets d'occasion (magasins de biens d'équipement usagés et dépôts-vente). Il y a aussi des braderies où on vend tout à bas prix, et des brocantes où on vend de vieux objets achetés à des gens qui ont vidé leur grenier. Le troc (= échange non monétaire) est un système qui se développe. Enfin, le commerce par Internet (le cybercommerce) est de plus en plus utilisé par les consommateurs pour s'informer, comparer les marques et acheter.

4 Réponse individuelle. Comment l'origine française du produit est-elle exprimée dans la publicité ? La publicité fait-elle allusion à l'image classique de la France comme pays de l'élégance, du raffinement et du bien vivre ? Y a-t-il des mots ou expressions en français dans la publicité ?

— LIEUX DE CONSOMMATION   p. 171

1 On se déplace en voiture pour faire ses achats à la périphérie des villes. Là sont situés les hypermarchés qui proposent des prix compétitifs. En général, l'hypermarché se trouve dans un grand centre commercial qui regroupe, au-dessus du parking, des magasins spécialisés et parfois des cinémas multiplexes. Dans le centre-ville, aujourd'hui souvent interdit aux voitures, les promeneurs trouvent des petits commerces de mode, d'alimentation (boulangeries, pâtisseries, etc.), de culture (CD et DVD, photo), des cafés, des restaurants et parfois des cinémas et des grands magasins.

2 **Hypermarchés** : grande diversité de produits et de services à des prix compétitifs ; à la périphérie des villes ; pour le grand public. – **Grands magasins** : produits des grandes marques (mode, parfumerie, maison, etc.) ; dans les villes ; pour un public assez riche. – **Magasins thématiques** : produits associés à un thème comme la culture, l'électroménager ou le jardinage… ; dans les villes, et à la périphérie des villes dans les centres commerciaux – pour le grand public.

3 • **Parents de deux enfants** : **A** (Alimentation) hypermarché ou marché en plein air ; **H** (Habillement) hypermarché ou grand magasin ; **M** (Meubles) grand magasin ; **ME** (Matériel électronique) et **D** (Disques) magasin thématique.

• **Célibataire** : **A** hypermarché ou petit commerce ; **H** grand magasin ou petit commerce ; **M** grand magasin ; **ME** et **D** magasin thématique.

• **Personne au chômage** : **A** hypermarché ou marché en plein air ; **H**, **M**, **ME** et **D** hypermarché.

• **Étudiant(e)** : **A** petit commerce ; **H** grand magasin ou petit commerce ; **M** hypermarché ou grand magasin ; **ME** et **D** magasin thématique.

4 CARREFOUR, hypermarché – JARDILAND, jardin – CASTORAMA, maison – OBI, bricolage – DÉCATHLON, sport – HABITAT, décoration – FNAC, produits culturels – PROMOD, vêtement féminin – NEWMAN, vêtement masculin – BRICORAMA, bricolage – SEPHORA, parfum – GO SPORT, sport.

5 Au cours de l'année 1999, 89 % des ménages français ont fait des achats par correspondance au moins une fois. 77 % ont acheté des vêtements, 40 % des cosmétiques, 34 % des livres. 64 % ont commandé par courrier, 47 % par téléphone, 13 % par Minitel, 2 % par Internet.

Chapitre **27** CHEZ LE MÉDECIN

— SE SOIGNER À TOUT PRIX   p. 173

1 Les Français se préoccupent de plus en plus de leur santé. Par conséquent, les dépenses de santé (médicaments et consultations de médecins) continuent d'augmenter. Les Français sont les plus gros consommateurs de médicaments en Europe et les plus gros consommateurs de psychotropes (somnifères, tranquillisants, antidépresseurs) au monde. De plus, ils consultent le médecin plus de sept fois par an en moyenne. Du fait des remboursements par la Sécurité sociale, ils ne paient directement que 11 % des soins médicaux.

2 Le système français est libéral dans le sens où l'individu est libre de choisir son médecin. Cependant, c'est en même temps un système collectif car tous les Français sont couverts par la Sécurité sociale et le fonctionnement de celle-ci influence l'exercice de la médecine. Les honoraires des médecins, par exemple, sont fixés par la Sécurité sociale.

3 Réponses diverses selon les pays.

4 Les Français s'intéressent davantage aux effets de la dégradation de l'environnement sur leur état de santé. C'est d'abord la pollution de l'air qui les inquiète (51 %), avant les déchets nucléaires (41 %). Ce sont les habitants des villes, surtout les Parisiens, qui sont les plus affectés par l'air pollué dû aux voitures et aux usines.

5 En créant la Sécurité sociale en 1945, l'État a mis en application, dans le domaine de la santé, les principes de l'égalité et de la solidarité (fraternité) exprimés dans la devise de la République française. Le remboursement par l'État des dépenses de santé permet à tous les citoyens, quelle que soit leur situation financière, d'être égaux devant la maladie. La Sécurité sociale permet ainsi une société plus juste en garantissant à tous la protection sociale.

La protection sociale : la Sécurité sociale ne représente qu'une partie du système de protection sociale qui comprend aussi les allocations de chômage, les caisses d'allocations familiales et les caisses de retraite. Les prestations sociales sont couvertes à 80 % par les cotisations des salariés et des entreprises.

— SE SOIGNER AUTREMENT   p. 175

1 Les Français se tournent de plus en plus vers des approches médicales différentes adoptant une vision globale du corps. Ils trouvent la médecine traditionnelle trop concentrée sur des parties spécifiques du corps. De plus, l'homéopathie, l'acupuncture et l'ostéopathie sont des moyens de lutter contre la surconsommation de médicaments.

2 Les médecines douces d'inspiration orientale ne séparent pas le corps et l'esprit. Les philosophies orientales conçoivent l'individu comme un tout, alors que la médecine occidentale ne s'occupe que du corps de l'individu. Le succès des pratiques orientales en médecine est comparable à la popularité croissante du bouddhisme et des spiritualités « exotiques » en France.

3 Les pharmacies ont le monopole de la vente de médicaments. Pour les petits ennuis de santé et les maladies sans gravité, les Français achètent directement des médicaments à la pharmacie (parfois après avoir demandé l'avis du pharmacien), sans ordonnance du médecin. De plus, on constate l'utilisation croissante de produits naturels ou « bio » (biologiques) qu'on peut acheter sans ordonnance. Les médicaments achetés sans ordonnance ne sont pas remboursés par la Sécurité sociale. Il s'agit d'une marque de l'individualisme des Français et d'un désir d'être eux-mêmes responsables de leur santé.

4 Faire du jogging, de la gymnastique, de l'aérobic, de la musculation ou d'autres sports *(voir p. 140)*, devenu une préoccupation quotidienne pour beaucoup de Français. Parallèlement à leur entretien corporel par le biais d'une activité sportive, les Français attachent de plus en plus d'importance à une alimentation équilibrée pour atteindre un bien-être personnel.

5 Cette pensée du poète latin Juvenal affirme que l'harmonie entre l'esprit et le corps est indispensable. Si on néglige l'entretien physique du corps, l'esprit fonctionne en dessous de ses capacités. Ce concept est parfaitement adapté à la mode actuelle des médecines douces qui ne séparent pas le corps de l'esprit. Il correspond aussi à la recherche contemporaine du bien-être par l'équilibre entre l'activité sportive et l'activité intellectuelle.

Chapitre ㉘ CROIRE

— LES RELIGIONS DU « LIVRE »

1 **Le catholicisme** : le prêtre ; l'église ; la messe. – **Le protestantisme** : le pasteur ; le temple ; le culte. – **L'islam** : l'imam ; la mosquée ; la prière. – **Le judaïsme** : le rabbin ; la synagogue ; la prière. – **Le bouddhisme** : le moine ; le temple ; la méditation.

2 **Sainte Bernadette** : née à Lourdes en 1844, Bernadette Soubirous, qui ne savait ni lire ni écrire, a eu en 1858 dix-huit visions de la Vierge Marie, qui lui dit : « Allez dire aux prêtres qu'on vienne ici en procession et qu'on y bâtisse une chapelle. » En 1866, elle est devenue religieuse de la Congrégation des sœurs de la charité. Elle est morte en 1879 et a été canonisée en 1933. Ses visions sont à l'origine du pèlerinage de Lourdes. – **Sainte Thérèse de Lisieux**, appelée aussi sainte Thérèse de l'enfant-Jésus : en 1873, elle guérit en voyant une statue de la Vierge Marie s'animer. Entrée en 1888 au carmel de Lisieux en Normandie, elle a écrit son autobiographie, *Histoire d'une âme*, qui raconte sa vie spirituelle fondée sur l'abandon à Dieu. Morte en 1897 et canonisée en 1925, elle a été nommée en 1944 deuxième patronne de la France. – **Saint Vincent de Paul** : ayant vécu de 1581 à 1660, ce prêtre est surtout vénéré comme aumônier des galériens (les criminels condamnés à ramer sur les galères, bateaux de guerre et de commerce). Il est le fondateur en 1625 de la Congrégation des prêtres de la mission (les Lazaristes) et, en 1634 avec sainte Louise de Marillac, de la Congrégation des filles de la charité.

3 En publiant le *Discours de la méthode* (1637), René Descartes a établi la raison et la déduction logique comme bases fondamentales de la méthode scientifique : c'est le cartésianisme. À l'école, les élèves apprennent à raisonner et à développer ainsi l'esprit cartésien qui caractérise la manière française d'analyser chaque situation. Les sagesses orientales n'accordent pas cette suprématie à la raison. Elles invitent l'individu à se découvrir non pas en raisonnant, mais en méditant et en s'ouvrant à une spiritualité transcendante. Depuis plusieurs décennies, on a perdu confiance dans la capacité de la méthode scientifique à proposer une explication satisfaisante du monde. On juge la société trop matérialiste, la pratique religieuse ne fait que baisser. Beaucoup de Français ont puisé dans des spiritualités diverses des principes qui étaient plus à leur convenance, et se sont ainsi forgé une croyance personnelle.

4 Un renouveau de spiritualité remplace le sentiment religieux en déclin. Les églises se vident. En 2002, seulement 8 % des personnes qui se disent catholiques vont à la messe tous les week-ends. En revanche, les adeptes de croyances spirituelles et ésotériques sont en augmentation rapide. Le XXIe siècle s'annonce plus spirituel que religieux.

5 Cette définition est juste. Plus de deux siècles après la fameuse Révolution qui a établi la Ire République en 1792, la devise de la République française « Liberté, Égalité, Fraternité » continue d'inspirer profondément le comportement des Français. Depuis 1905, la République est laïque, mais elle autorise toutes les religions. La République ne fait pas de distinctions entre celles-ci, bien que la France soit un pays catholique depuis le baptême en 496 du roi Clovis. Terre de catholicisme, la France a repoussé en 732 l'invasion des Arabes qui étaient arrivés jusqu'à Poitiers. Ensuite, au XVIe siècle, la France a été déchirée par les guerres de Religion entre catholiques et protestants. Aujourd'hui, les traditions catholiques continuent de dominer mais les valeurs protestantes sont très présentes dans la société. En même temps, l'immigration de Maghrébins et d'Africains d'origine musulmane a fait de l'islam la deuxième religion en France. Dans les journaux télévisés, on parle du ramadan comme du carême. En somme, les Français sont républicains et laïcs dans les affaires de l'État. Dans la vie privée, Ils sont, dans l'ensemble, tolérants envers toutes les religions.

— LES SECTES/PEURS ET SUPERSTITIONS p. 179

1 Dans la société actuelle, où le déclin de la religion et des institutions affaiblit le lien social entre les individus, beaucoup de gens éprouvent un sentiment de solitude sociale et morale. Certains sont attirés par les sectes qui prétendent offrir des solutions spirituelles et une vie communautaire.

2 Réponse individuelle. En faisant voter la loi anti-sectes, le gouvernement français a eu comme objectif de protéger les personnes les plus vulnérables, surtout les jeunes isolés de leur famille qui risquent d'être victimes de l'embrigadement pratiqué par certaines sectes.

3 La voyance et l'astrologie intéressent des millions de Français. Ils demandent aux voyants de prédire leur avenir en lisant les tarots (78 cartes illustrées de figures symboliques).

4 Autrefois, les voyants et les astrologues, habillés de façon exotique et interrogeant une boule de cristal, faisaient partie des attractions des fêtes foraines. Aujourd'hui, ils ont évolué. Les voyants et les astrologues ont adopté un style moins folklorique, ils ont des connaissances approfondies de l'astrologie et de la numérologie et ils reçoivent, dans des bureaux discrets, des clients appartenant à toutes les classes sociales. Leur rôle a évolué également. Prédire l'avenir est aujourd'hui souvent moins important qu'écouter ce que le client raconte. Il s'agit ainsi de satisfaire un besoin de communication dans une société où le contact humain est moins facile.

5 Réponse individuelle.

◆ À SAVOIR

Les signes de l'horoscope : Bélier (21 mars – 20 avril) ; Taureau (21 avril – 21 mai) ; Gémeaux (22 mai – 21 juin) ; Cancer (22 juin – 22 juillet) ; Lion (23 juillet – 23 août) ; Vierge (24 août – 23 septembre) ; Balance (24 septembre – 23 octobre) ; Scorpion (24 octobre – 22 novembre) ; Sagittaire (23 novembre – 21 décembre) ; Capricorne (22 décembre – 20 janvier) ; Verseau (21 janvier – 18 février) ; Poisson (19 février – 20 mars).

N° d'éditeur : 10122455 – LO – Février 2005
Imprimerie France Quercy – Cahors – N° d'impression : 50335